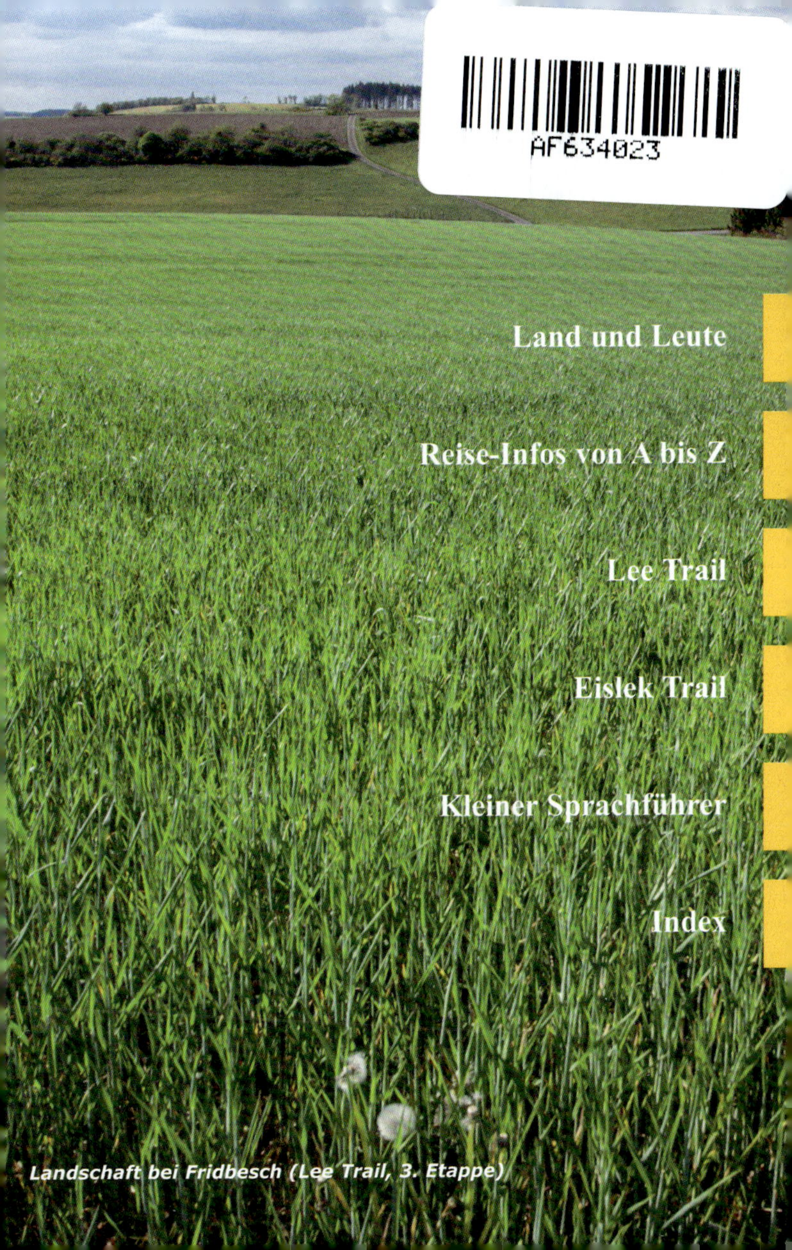

Landschaft bei Fridbesch (Lee Trail, 3. Etappe)

AF634023

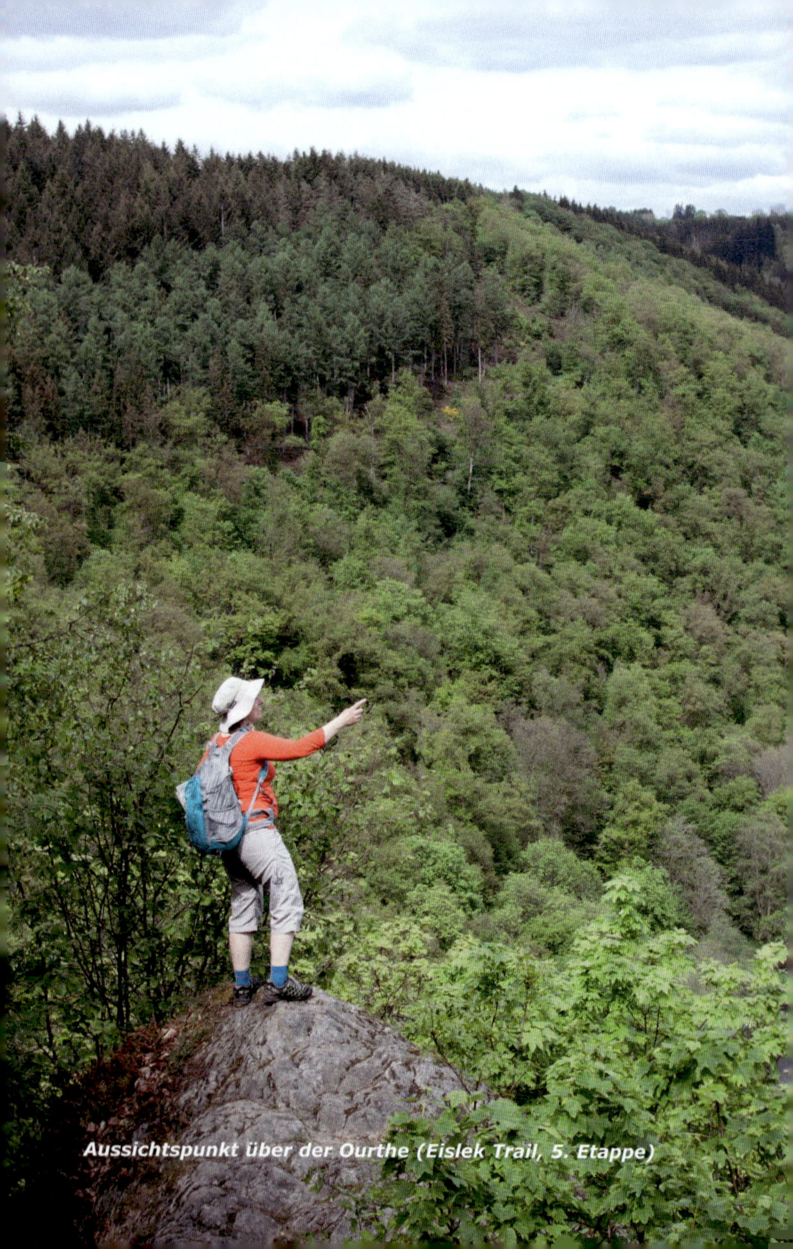

Aussichtspunkt über der Ourthe (Eislek Trail, 5. Etappe)

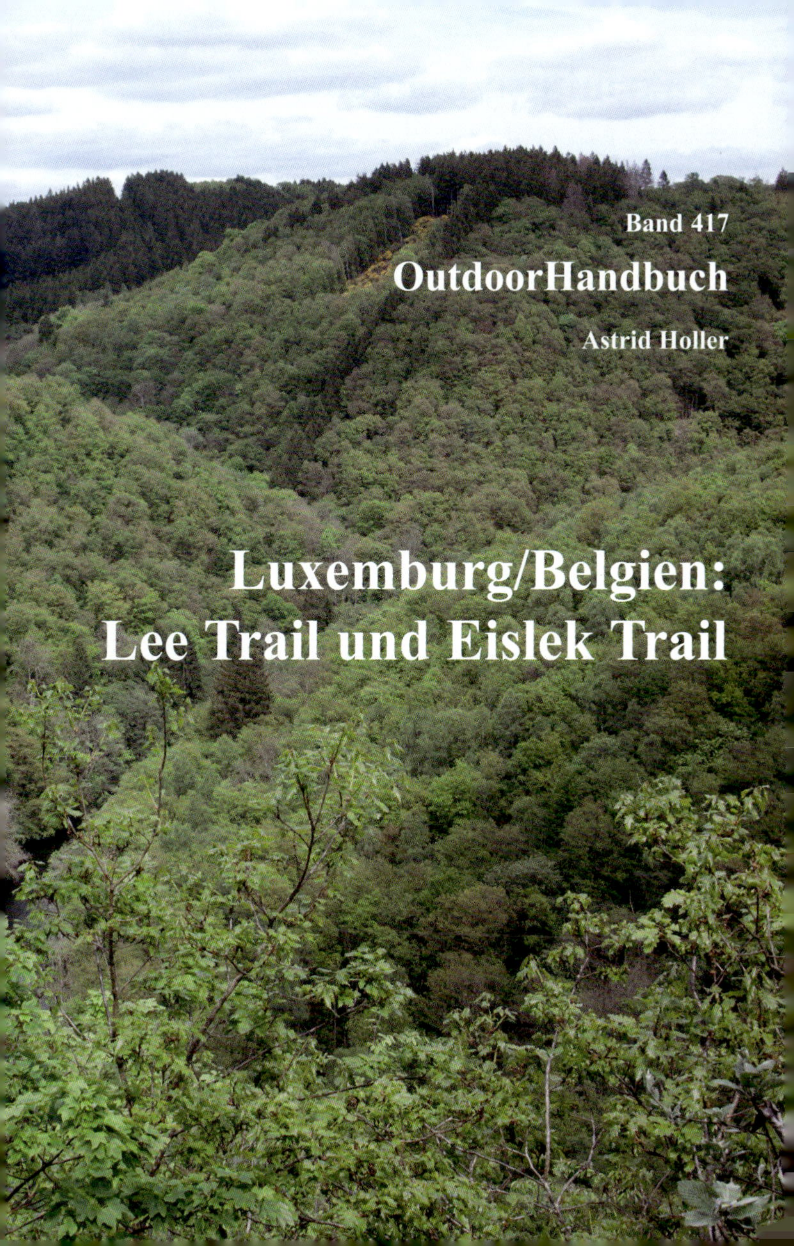

Band 417

OutdoorHandbuch

Astrid Holler

Luxemburg/Belgien: Lee Trail und Eislek Trail

Luxemburg/Belgien

Dieses OutdoorHandbuch wurde konzipiert und redaktionell erstellt vom:

Conrad Stein Verlag GmbH
Kiefernstr. 6, 59514 Welver
023 84/96 39 12
info@conrad-stein-verlag.de
www.conrad-stein-verlag.de
www.facebook.com/outdoorverlag
www.instagram.com/outdoorverlag

Der Nachdruck, die Übersetzung, die Entnahme oder Kopie von Texten, Karten, Abbildungen und Symbolen sowie die Verwertung auf elektronischen Datenträgern, die Einspeicherung in Medien wie Internet (auch auszugsweise) sind ohne vorherige schriftliche Genehmigung des Verlags unzulässig und strafbar.

Copyright Conrad Stein Verlag GmbH. Alle Rechte vorbehalten.

Druckprodukt mit finanziellem Klimabeitrag
ClimatePartner.com/53106-2405-1009

Als Outdoor-Verlag sind uns der Schutz und die Erhaltung der Natur seit jeher ein besonderes Anliegen. Auch in Sachen Klimaschutz haben wir eine Vorreiterrolle inne: Wir sind der einzige Buchverlag in Deutschland, der bereits seit 2008 seine Bücher konsequent klimaneutral in Deutschland produzieren und transportieren lässt. Dabei wird nicht nur klimaneutral, sondern auch nachhaltig, d. h. so umweltschonend wie möglich produziert, z. B. durch die Auswahl von umweltfreundlichen Materialien. Die bei der Produktion der Bücher entstandenen CO_2-Emissionen werden durch die Unterstützung von zertifizierten Klimaschutzprojekten ausgeglichen. Jedes Buch wird daher mit dem Logo „klimaneutral" und einer ClimatePartner-Zertifikatsnummer versehen. Mithilfe dieser Nummer können Sie unter www.climatepartner.com Informationen zu der eingesparten CO_2-Menge und dem Projekt finden, das mit der Abgabe gefördert wird.

Das Engagement des Conrad Stein Verlags wurde im Rahmen des Projekts „Klimaneutraler Buchverlag" mit dem Westenergie Klimaschutzpreis 2022 ausgezeichnet.

OutdoorHandbuch Band 417

ISBN 978-3-86686-810-6 2., überarbeitete Auflage 2024

Text und Fotos: Astrid Holler
Karten: Manuela Dastig
Lektorat und Layout: Anna-Lena Ebner

Gesamtherstellung: AZ Druck und Datentechnik GmbH, Kempten

Dieses OutdoorHandbuch hat 160 Seiten mit 53 farbigen Abbildungen sowie 10 farbigen Karten im Maßstab 1:75.000, 9 farbigen Höhenprofilen und einer farbigen, ausklappbaren Übersichtskarte.

Alle Informationen, schriftlich und zeichnerisch, wurden nach bestem Wissen zusammengestellt und überprüft. Sie waren korrekt zum Zeitpunkt der Recherche. Eine Garantie für den Inhalt, z. B. die immerwährende Richtigkeit von Preisen, Adressen, Telefonnummern und Internetadressen, Zeit- und sonstigen Angaben, kann naturgemäß von Verlag und Autorin – auch im Sinne der Produkthaftung – nicht übernommen werden.

Autorin und Verlag freuen sich über Ihr Feedback. Schreiben Sie Ihre Tipps und Verbesserungen an info@conrad-stein-verlag.de oder nutzen Sie unsere Social-Media-Kanäle. Bitte nennen Sie dabei Titel, Auflage und Seitennummer.

Dieses Buch ist im Buchhandel und in Ausrüstungsläden erhältlich und kann im Internet oder direkt beim Verlag bestellt werden.

Titelfoto: Auf der Hochwasser-Variante auf dem Lee Trail (2. Etappe)

Inhalt

☺ Eine **Übersichtskarte** des Weges, **Autorinnenprofil** sowie eine Liste aller verwendeten **Symbole** in diesem Buch finden Sie auf den vorderen und hinteren Umschlagseiten bzw. -klappen.

Vorwort

Liebe Leserin, lieber Leser,

ein paar Jahre sind seit der ersten Auflage dieses Buches nun ins Land gegangen. Schon damals war ich voll prickelnder Vorfreude, vielen Wanderbegeisterten diesen schönen Weg durch Luxemburg und Belgien zu zeigen. Und Dank der Rückmeldungen weiß ich, dass ich vielen damit eine Freude machen konnte. Der beste Lohn für ein Buch.

Wandel und Veränderung sind auch an den luxemburgischen und belgischen Ardennen nicht vorbeigegangen. Die heißen, trockenen Sommer und einige Überschwemmungen haben die Landschaft neuerlich geformt. Dort, wo Primärwälder vorherrschen, sieht man die Veränderung am wenigsten. Dafür können Sie bei vielen ehemaligen Fichtenstandorten beim Umbau zusehen. Dank des enormen Wasserreichtums bleiben die Ardennen eine der üppigsten, grünen Regionen in Mitteleuropa.

Üppig ist auch der Tisch für Wanderhungrige gedeckt. Das Éislek wurde jüngst als Premium-Wanderregion zertifiziert. Nicht ohne Grund. Falls Sie zum ersten Mal die Gegend bereisen, erleben Sie mit dem Lee Trail und Eislek Trail zwei ebenfalls prämierte Wege und gleichzeitig einen tollen Einstieg in und Überblick über die Region. Und auch Sie werden sich sicherlich verlieben.

So erging es mir.

Ihre

Astrid Holler

Land und Leute

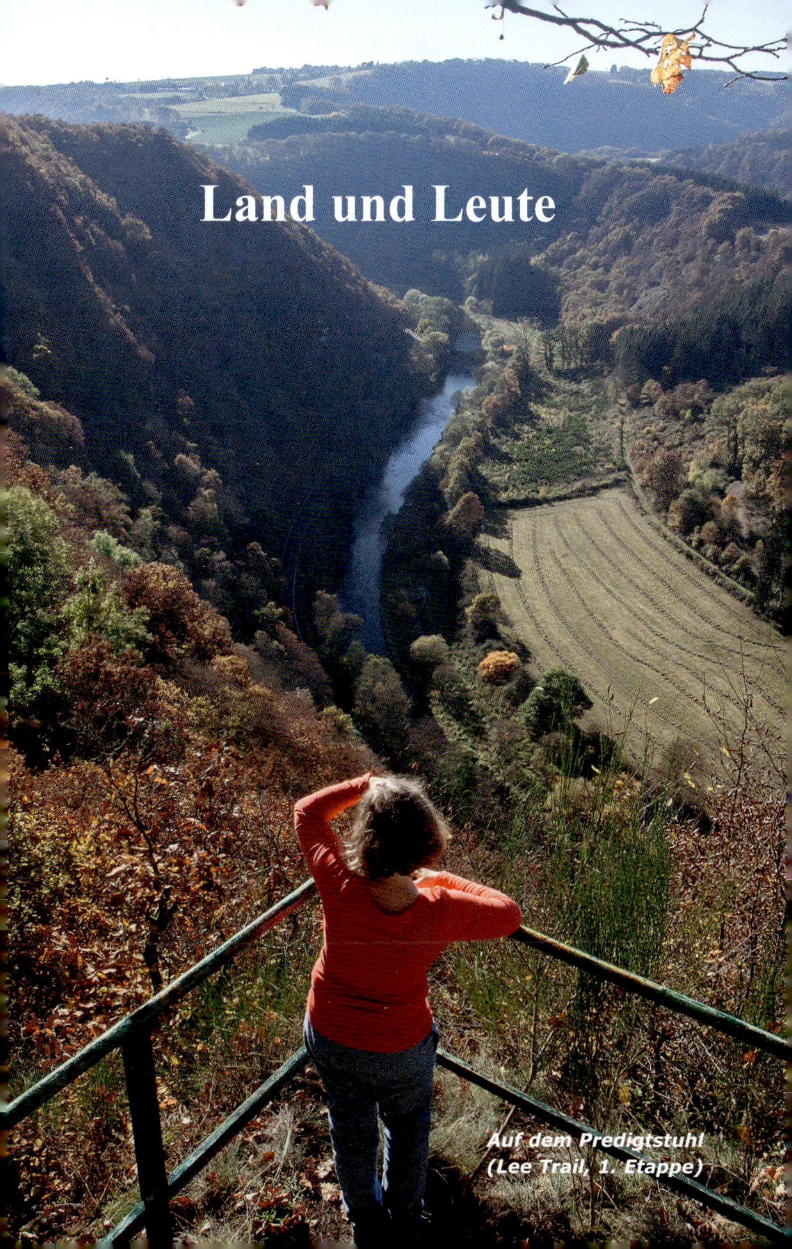

Auf dem Predigtstuhl (Lee Trail, 1. Etappe)

Die Ardennen

Wenn Sie an die Ardennen denken, so fallen Ihnen sicher gleich das Hohe Venn und die urwüchsige Natur im Nordosten Frankreichs ein. Das ist nicht falsch – jedoch erst die halbe Wahrheit. Denn streng genommen gehören die französischen Ardennen, in Belgien das Calestinne, das Venn und das Hohe Venn sowie das Éislek in Luxemburg und das Islek in Deutschland dazu. Zusammen sind die Ardennen ein Teil des Rheinischen Schiefergebirges.

Grasbedeckte Hochebenen und tief eingeschnittene Flusstäler wechseln sich hier ab. Wald und Moor sind die vorherrschenden Landschaftstypen. Die Besiedelung ist nur dünn. So finden Sie mitten in Europa ein Stück (fast) unberührter Natur.

Geschichte im Schnelldurchlauf

Erste Belege menschlicher Spuren in den Ardennen reichen bis zur Altsteinzeit zurück. Damals, gegen Ende der letzten Kaltzeit, lebten Mammuts, Wollnashörner, Wildpferde, der Ur und auch Rentiere in den Wäldern. Die ersten Bewohnerinnen und Bewohner waren nomadisch und ernährten sich von der Jagd sowie dem Sammeln von Früchten.

Erst als das Klima zusehends milder wurde, nun Rehe, Hirsche, Schweine und Auerochsen die Wälder bewohnten, ließen sich Siedlerinnen und Siedler im Maastal nieder und betrieben Landwirtschaft. Frühe Kulturen, wie z. B. die bandkeramische Kultur, pflanzten Einkorn, Erbsen, Linsen, Lein und Mohn.

Mit den keltischen Stämmen kam im 5. Jh. v. Chr. der Handel und kulturelle Austausch mit dem Rheinland, der Eifel und dem Hunsrück in die Region. Hauptsächlich gehörten die Keltinnen und Kelten der Luxemburger Ardennen und der heutigen belgischen Provinz Luxembourg dem treverischen oder eburonischen Stamm an. Treverische Stämme betrieben ebenfalls bereits Handel mit Rom. Als die Römer schließlich Gebiete nördlich der Alpen besetzten, fanden sie mit den Treverinnen und Treverern eine ihnen wohlgesonnene Bevölkerung vor. Schon bald lebte man weitgehend in friedlicher Koexistenz.

Die Römerstraße zwischen Köln und Reims führte zu einer weiteren Belebung der Ardennen. Jedoch bildeten sich zunächst keine Städte, sondern nur einzelne Ansiedlungen, denn selbst den Römerinnen und Römern

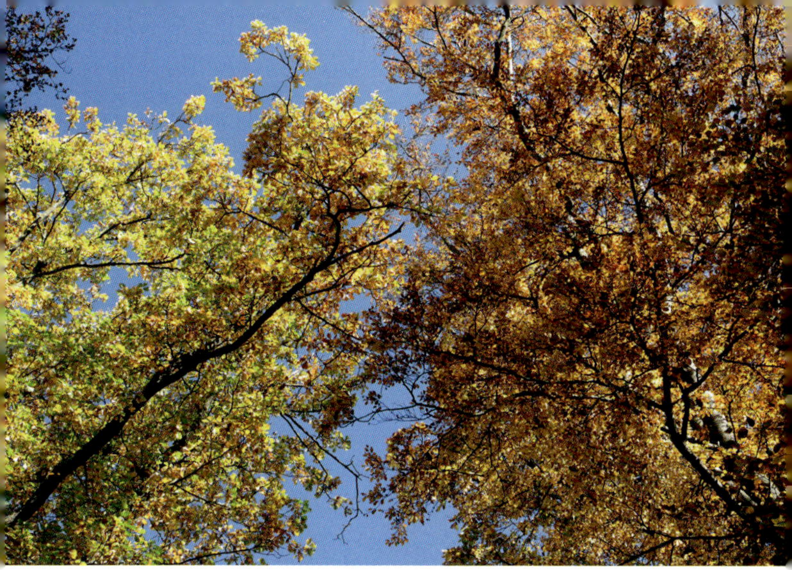

Bäume im Licht

galt dieses Mittelgebirge als „unwegsames Gebiet". Außer einem weiten Straßennetz brachten die römischen Siedelnden auch neue Pflanzen – Wein, Kirsche, Pflaume, Pfirsich, Zwiebel und Walnuss – in die nördlichen Gefilde. Mit der Christianisierung im frühen Mittelalter entstanden Klöster und in der Folge Dörfer und kleine Städte. Die Herrschaft der fränkischen Merowinger wurde bald von den Karolingern abgelöst. Wie im Rest Europas wurden die Herrschaftsverhältnisse auch in den Ardennen unübersichtlich. Stürmten keine plündernden Wikinger durchs Land, dann wechselten sich Herzöge mit Königen ab. Auf das Geschlecht Burgund folgte Habsburg und Bourbon sowie Oranien-Nassau.

Die Ardennen lagen gegen Ende des Mittelalters zum größten Teil im Gebiet des Herzogtums Luxemburg. Napoleon änderte erneut das Gesicht Europas. Nach seiner endgültigen Niederlage entstand beim Wiener Kongress das Großherzogtum Luxemburg mit neuen Landesgrenzen. Vom Königreich der Vereinigten Niederlande spaltete sich schon bald, nach der Belgischen Revolution, Belgien als eigener Staat ab. Der französischsprachige Teil Luxemburgs wurde belgische Provinz.

Der Erste und Zweite Weltkrieg rissen tiefe Wunden, die teilweise bis zum heutigen Tage sichtbar sind.

Heute sind Belgien und Luxemburg als Gründungsmitglieder der Europäischen Union weltoffene Staaten und die Ardennen wegen ihres Reichtums an Naturschätzen ein beliebtes touristisches Ziel.

Fauna und Flora

Da die landwirtschaftliche oder industrielle Nutzung der Ardennenlandschaft äußerst schwierig bis unmöglich war und ist, gibt es hier noch sehr viele Naturräume, in denen sich seltene Arten erhalten konnten. Prominente Vertreter sind der Eisvogel oder der Schwarzstorch, der Biber und die Erdkröte. Im Frühjahr können Sie ein eindrucksvolles Schauspiel miterleben, wenn die Eintagsfliegen in riesigen Schwärmen ihren Hochzeitstanz über den Flüssen vollführen. Der Insektenreichtum geht einher mit einem Vogelreichtum, der eine Wanderung frühmorgens und in den Abendstunden zu einem herrlichen Konzert werden lässt. Dies ist hauptsächlich möglich, weil das Landschaftsprofil nur extensive Landwirtschaft zulässt. So bleibt Platz für viele Blütenpflanzen, die Sie in Mitteleuropa nur noch selten wild

Biberspuren

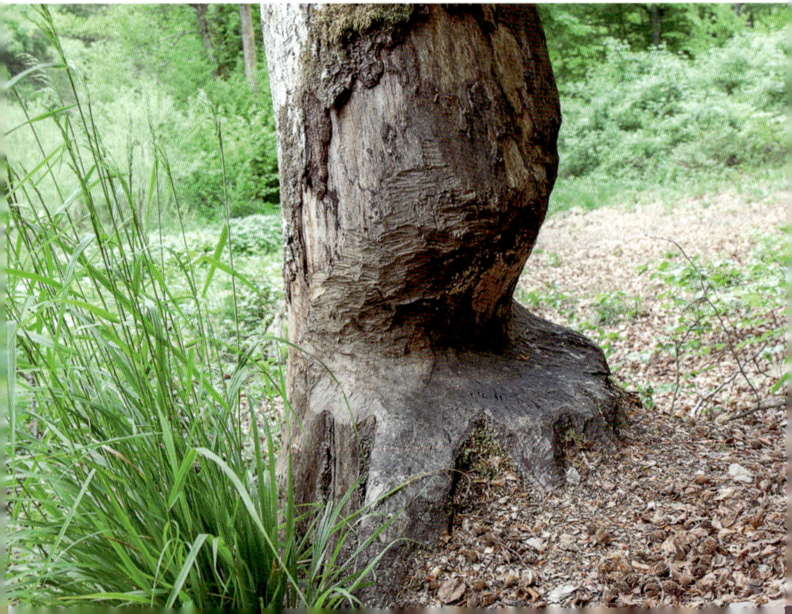

wachsend sehen werden. So ist die wilde Narzisse in der Osterzeit ein Farbtupfer in den Lohwäldern rund um ☞ Lellingen.

Kunst und Kultur

Allgegenwärtig sowohl in Belgien als auch in Luxemburg ist die sakrale Kunst. Selbst im kleinsten Dorf finden Sie meist eine Kirche, an Wegrändern unzählige Wegkreuze, wie z. B. die gesegnete Buche bei ☞ Bonnerue.

In Luxemburg ist die Madonnenverehrung Teil dieser Kultur, da seit dem 17. Jh. die heilige Maria von Jesuiten zur Landespatronin erhoben wurde. Noch heute finden Sie unterwegs unzählige Marienstatuen.

Ein kultureller Höhepunkt wartet in der Stadt Klerf. Im Schloss von Klerf finden Sie die Fotoausstellung „Family of Man“, die Sie sich keinesfalls entgehen lassen sollten.

Erstaunliches geschieht im August in Houffalize: Dort feiert man den Karneval im Sommer.

Essen und Trinken

Belgien ist bekannt für seine deftige Küche. Die besten Fritten, jedoch auch wunderbare Wildgerichte kommen von hier. Ganz typisch sind auch Miesmuscheln, die sehr häufig auf der Speisekarte zu finden sind. Dazu ein belgisches Bier – sogar in kleinen Orten wird oft gebraut.

Grenzübergreifend finden Sie Ardenner Schinken und Ardenner Wurst.

In Luxemburg erwartet Sie ebenfalls eine deftige Küche, der man jedoch den französischen Einfluss durch die Finesse deutlich anmerkt. Auch hier werden gerne Wildgerichte und Fisch gereicht. Eine Zutat finden Sie in überraschend schmackhaften Kombinationen, nämlich den Kochkäse.

Haben Sie Lust auf etwas Süßes? Dann besuchen Sie eine Bäckerei oder einen Konfektladen. Schokolade und Torten werden in beiden Ländern meisterlich zubereitet.

Lee Trail, Eislek Trail

Die beiden Wege Lee Trail und Eislek Trail entstanden als das europäische Projekt Escapardenne durch die Zusammenarbeit mehrerer belgischer und luxemburgischer Natur- und Tourismusverbände. Was sehr bürokratisch klingt, ist im Ergebnis ein echtes Kleinod. Denn hier, in den Luxemburger und den belgischen Ardennen, erwartet Sie eine atemberaubende Natur- und Landschaftsvielfalt. Die Qualität der Wege, zahlreiche Sehenswürdigkeiten und die Möglichkeit, beide Wege zu kombinieren und als Ganzes zu begehen, sorgten dafür, dass der Escapardenne-Trail – also beide Trails zusammen – als zweiter Weitwanderweg die Auszeichnung „Leading Quality Trails – Best of Europe" erhielt. Genießen Sie also ein echtes Stück Europa und dazu einen der schönsten Weitwanderwege unseres Kontinentes.

Länge

Der Lee Trail misst 53 km. Da es jedoch sein kann, dass Sie bei Hochwasser die Ausweichstrecke nehmen müssen, würden Sie in diesem Fall 500 m mehr erwandern.

Die Hauptroute des Eislek Trail ist 107 km lang. Auch hier gibt es verschiedene – teils vorgeschlagene, teils bei Hochwasser oder zur Brutzeit erforderliche – Varianten zu den einzelnen Etappen. Je nachdem, wie Sie Ihre Wanderung kombinieren, erwartet Sie eine Strecke zwischen 103 und 108 km.

Kombiniert können Sie also bis zu 161 km schönste Wanderung genießen.

Voraussetzungen

Neben der Länge der Strecke sind ein herausragendes Merkmal die Höhenmeter, die Sie während der Wanderung überwinden. Allein schon auf dem kurzen Lee Trail laufen Sie insgesamt knapp 2.500 m bergauf und 2.400 m bergab. Auf beiden Trails zusammen können Sie ca. 6.000 Höhenmeter machen.

Es versteht sich von selbst, dass Sie dafür eine gute Kondition brauchen – oder ausreichend Zeit. Denn die vorgeschlagenen Etappen können Sie nach eigenem Geschmack unterteilen oder zusammenfassen – je nachdem, ob Sie die traumhafte Landschaft als untrainierte Wanderinnen und Wanderer genießen möchten oder sich als erfahrene Tourengängerinnen und Tourengänger deutlich mehr als durchschnittlich 20 km pro Tag zutrauen.

Wobei Sie sich jedoch sicher sein müssen, ist die Trittsicherheit. Denn viele Wege sind schmal und manchmal auch ausgesetzt. Lee und Eislek Trail sind damit ernstzunehmende Steige, die Wanderung kann zu Recht als schwierig bezeichnet werden.

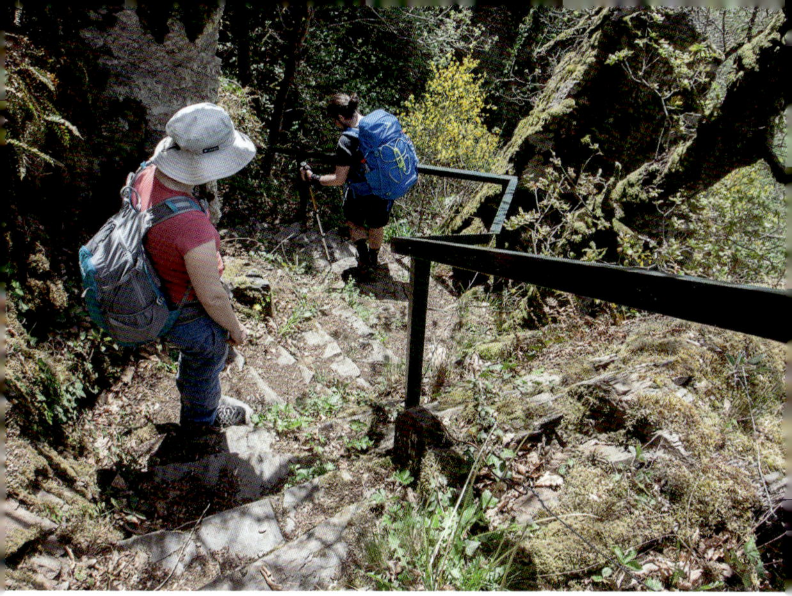

Der Weg bei den Felsen Rouschteschleen (Lee Trail, 2. Etappe)

Varianten

Sollten Sie bei Hochwasser unterwegs sein, stehen Alternativwege zur Verfügung, die Ihnen dennoch den Trail ermöglichen. Diese sollten Sie in diesem Fall wählen, um sich nicht in Gefahr zu begeben.

Zwei Varianten haben auch Vorschlagcharakter: die zweite Lee-Trail-Etappe über Burg Burscheid und die erste Eislek-Trail-Etappe über Munshausen. Beide Male ist sowohl die Hauptroute wie auch die Variante sehr reizvoll.

Laufrichtung

Prinzipiell können Sie beide Trails auch in umgekehrter Reihenfolge laufen, da die Wege nicht nur in der Richtung der hier vorliegenden Beschreibung nahezu perfekt markiert sind, sondern in beide Richtungen.

Für die Laufrichtung von Ettelbrück nach La Roche-en-Ardenne habe ich mich unter anderem deshalb entschieden, weil es so gerade zu Anfang möglich ist, Etappen abzukürzen und sich ein wenig Kondition zuzulegen, während dies gegen Ende der Tour oft schwieriger wird.

Reise-Infos von A bis Z

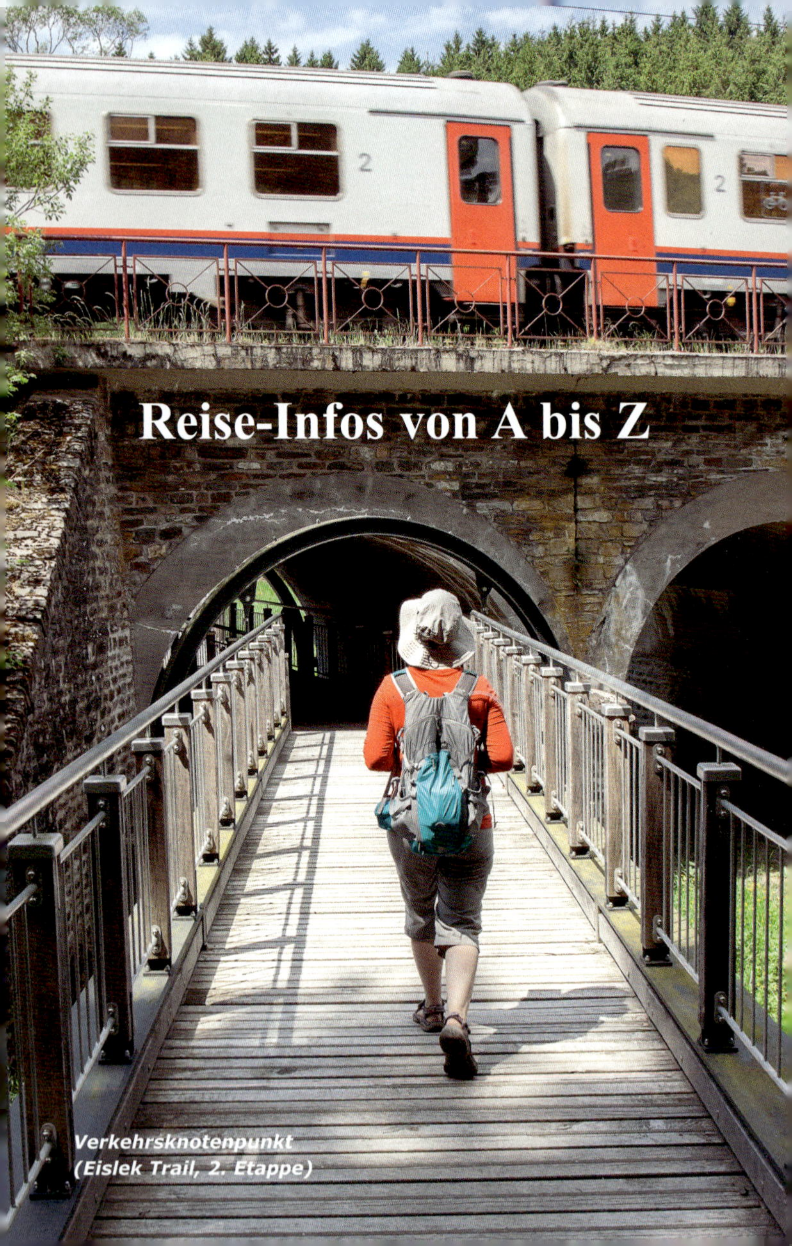

Verkehrsknotenpunkt (Eislek Trail, 2. Etappe)

An- und Abreise

Mit dem Auto

Ettelbrück ist sehr gut mit dem Auto erreichbar: entweder über die Autobahn von Luxemburg/Stadt oder über die Nationalstraße N7 von St. Vith. Von Echternach über Diekirch führt ebenfalls eine Nationalstraße in die Stadt und nach Westen gibt es eine direkte Verbindung nach Bastogne.

P Wenn Sie mit dem Auto anreisen, finden Sie einen kostenlosen Parkplatz in Ettelbrück am Blvd. Grande-Duchesse Charlotte. Sie verlassen den Parkplatz nach Nordosten und wenden sich in Richtung Alzette. Nach wenigen Metern erreichen Sie eine Fußgängerbrücke, die Sie über die Alzette und weiter geradeaus nach 300 m zum Bahnhofsvorplatz führt, wo die Wanderung beginnt.

Falls Sie Ihr Auto lieber am Zielpunkt der Wanderung abstellen möchten, so ist auch dies möglich: Sowohl in Kautenbach am Bahnhof als auch in La Roche-en-Ardenne in der Nähe des Sportplatzes Rue de Harzé finden Sie jeweils kostenlose Abstellmöglichkeiten. Zwischen Kautenbach und Ettelbrück nehmen Sie einfach den Nahverkehrszug, um zum Startpunkt zu gelangen. Schwieriger wird es von La Roche-en-Ardenne aus mit der Rückfahrt. Die wohl beste Variante, nach Ettelbrück zurückzugelangen, ist folgende:

Mit dem Bus Linie 15 von La Roche-en-Ardenne Richtung Marche-en-Famenne bis zur Haltestelle „Marloie“, dann mit dem Bus Linie 1 nach Bastogne (Haltestelle „Hotel de Ville“) und von dort mit dem Bus 130 nach Ettelbrück. Die Linie 15 fährt allerdings nur zweimal täglich. Ansonsten kann Ihnen das Touristenbüro in La Roche-en-Ardenne weiterhelfen.

Mit der Bahn

Sowohl Ettelbrück als auch Kautenbach sind gut mit dem stündlich verkehrenden Regionalzug zu erreichen. Von Luxemburg-Stadt brauchen Sie dafür gerade einmal eine Viertelstunde.

Überhaupt besitzt Luxemburg eine gut funktionierende Schieneninfrastruktur und ein zuverlässiges Busnetz. Eine Fahrt von Trier nach Ettelbrück dauert 1 Std. 40 Min., nach Kautenbach knapp 2 Std. und nach Ulflingen 1 Std. 20 Min. Von Köln aus benötigen Sie nach Ettelbrück etwa 4 Std. und von Mainz aus 4 Std. 30 Min.

Nach Belgien reisen Sie am besten mit der Bahn nach Gouvy oder Bastogne. Von dort aus geht es dann mit dem Bus weiter.

Ausrüstung

Schuhe und Rucksack

Die Autorin des Buches „Laufen. Essen. Schlafen.“, Christine Thürmer, sagte auf einem ihrer Vorträge, dass sie mit der deutschen Sitte gebrochen habe, bei Fernwanderungen schwere Stiefel zu tragen. Das Beste bei langen Wanderungen seien leichte Trailschuhe aus Segeltuch. Das vermeide Blasen an den Füßen und sei auch nicht unsicherer als Stiefel mit hohem Schaft.

Diese Position kann ich nachvollziehen. Auch ich laufe fast ausschließlich in Trailschuhen oder in Trekkingsandalen. Das ist jedoch nur dann empfehlenswert, wenn Sie vor einer langen Tour Ihre Fußmuskulatur darauf vorbereitet haben. Sonst droht die Gefahr, dass Sie auf holprigen Wegen – und davon gibt es entlang der Strecke viele – umknicken.

Wofür Sie sich auch entscheiden: Achten Sie auf eine griffige Sohle und darauf, dass nichts drückt oder scheuert. Laufen Sie neue Schuhe vor der Reise gründlich ein. Wandersocken und regelmäßiges Eincremen der Füße sind ebenfalls gute Empfehlungen.

Welcher Rucksack am besten zu Ihnen passt, finden Sie bei einer ausgiebigen Beratung im Fachhandel heraus. Hier gilt die Devise: Weniger ist mehr! Nehmen Sie lieber so wenig mit wie möglich und nur so viel, wie nötig ist. Dann können Sie in der Regel auch mit einem relativ kleinen Rucksack laufen. Als Faustformel gilt, dass Sie nicht deutlich mehr als 15-20 % Ihres Körpergewichtes mit sich herumtragen sollten.

Regenschutz

Die Ardennen gehören zu den regenreichsten Gebieten Europas. Packen Sie also für alle Fälle einen Regenschutz ein. Da Sie viel im Wald und neben Hecken unterwegs sind, sind Regenjacke und Regenhose besser geeignet als ein Regenponcho. Damit könnten Sie z. B. an Zweigen hängen bleiben. Achten Sie auch darauf, dass Ihre Schuhe und Ihr Gepäck wasserdicht sind. Dann bleibt auch bei „erfrischendem Wetter“ die Laune gut und der Spaß an der Wanderung erhalten.

☺ Falls Sie Regenkleidung aus Gortex besitzen, denken Sie daran, sie vor der Reise zu imprägnieren.

Kleidung, Waschzeug

Ein Satz Wäsche, ein weiterer zum Wechseln, T-Shirt, langärmeliges Shirt, Fleecejacke, Trekkinghose, zwei Paar Wandersocken, Regenkleidung, Sonnenhut, Sonnencreme, Zahnbürste, Zahnpasta und Seife (gibt es beides im Unverpacktladen in fester Form, das spart Gewicht), Kamm, Handtuch, persönliche Medikamente – so könnte eine Minimalausstattung auf Wanderungen aussehen. Was Sie gerne dabeihaben möchten, muss natürlich erst einmal an Ihre Bedürfnisse angepasst sein. Je geringere Ansprüche Sie haben, umso leichter wird Ihr Gepäck.

Andererseits ist es in beinahe jedem Hotel am Trail möglich, dass Sie Ihr Gepäck zur nächsten Station liefern lassen. Dann können Sie insgesamt mehr mitnehmen und sind trotzdem mit leichtem Gepäck unterwegs.

☺ Falls Sie in Begleitung wandern, können Sie Gewicht sparen, indem Sie nur einmal Zahnpasta, Seife und dergleichen (möglichst in Kleinpackungen) mitnehmen.

Erste-Hilfe-Set und Reiseapotheke

Sowohl im belgischen wie auch im luxemburgischen Teil der Wanderung laufen Sie durch recht einsame Gegenden. Im Notfall müssen Sie sich hier selbst helfen können, bis Hilfe von außen eintrifft. Daher gehört ein gutes Erste-Hilfe-Set in den Tourenrucksack.

Was genau hineingehört, kann Ihnen Ihre Ärztin, Ihr Arzt oder das Fachpersonal in Ihrer Apotheke sagen. Fertig zusammengestellte Sets bekommen Sie ebenfalls im Handel.

Denken Sie an Ihre persönlichen Medikamente, die Sie regelmäßig nehmen! Auf dem Trail ist es oft weit bis zur nächsten Arztpraxis oder zur nächsten Apotheke.

Allgemeines

Was darf sonst noch nicht fehlen?

- ☐ Tourenbeschreibung und eine gute Wanderkarte oder ein GPS-Gerät und Ersatzakkus

- ☐ Trinkflasche mit ausreichend Wasser
- ☐ Verpflegung für unterwegs
- ☐ Geld und persönliche Papiere
- ☐ Ersatzbrille, falls Sie Brillenträger sind
- ☐ Blasenpflaster
- ☐ Toilettenpapier für unterwegs
- ☐ Telefon und Ladekabel
- ☐ Taschenmesser, Taschenlampe
- ☐ Trekkingstöcke
- ☐ Nadel und Faden für kleinere Reparaturen

Falls Sie unterwegs zelten möchten, brauchen Sie neben Ihrem Zelt noch eine leichte, isolierende Unterlage und einen Schlafsack.

Diplomatische Vertretung

- Deutsche Botschaft in Luxemburg, 20-22, Avenue Emile Reuter, L-2420 Luxemburg, ☏ 003 52/453 44 51, www.auswaertiges-amt.de (unter „Außen- und Europapolitik“ → „Länderinformation“ → „Luxemburg“ → „Deutsche Vertretungen“), info@luxe.diplo.de
- Deutsche Botschaften und Konsulate in Belgien: www.auswaertiges-amt.de (dort unter „Außen- und Europapolitik“ → „Länderinformation“ → „Belgien“ → „Deutsche Vertretungen“)
- Österreichische Botschaft in Luxemburg, 3, Rue des Bains, L-1212 Luxemburg, ☏ 003 52/47 11 88, www.botschaft-konsulat.com (unter „Österreichische Botschaften im Ausland“ → „Luxemburg“), luxembourg-ob@bmeia.gv.at
- Österreichische Botschaft in Belgien, Marsveldplein 5, B-1050 Brüssel, ☏ 00 32/(0)2/289 07 00, -10 oder 00 32/(0)2/645 16 50, www.botschaft-konsulat.com (unter „Österreichische Botschaften im Ausland“ → „Belgien“), bruessel-ob@bmeia.gv.at
- Botschaft der Schweiz in Luxemburg, 25a, Boulevard Royal, L-2449 Luxemburg, ☏ 003 52/227 47 41, www.eda.admin.ch (dort unter „Vertretungen und Reisehinweise“ → „Luxemburg“), lux.vertretung@eda.admin.ch oder benelux@eda.admin.ch (Konsularabteilung)
- Botschaften der Schweiz in Belgien finden Sie unter www.eda.admin.ch (dort unter „Vertretungen und Reisehinweise“ → „Belgien“).

- Botschaft des Großherzogtums Luxemburg in Deutschland, Klingelhöferstraße 7, D-10785 Berlin, ☏ 00 49/(0)302/63 95 70, 💻 berlin.mae.lu/ge, ✉ berlin.amb@mae.etat.lu
- Belgische Botschaften in Deutschland: 💻 germany.diplomatie.belgium.be/de
- Botschaft des Großherzogtums Luxemburg in Österreich, Sternwartestraße 81, A-1180 Wien, ☏ 00 43/(0)1/47-821 42, 💻 vienne.mae.lu, ✉ vienne.amb@mae.etat.lu
- Belgische Botschaften und Konsulate in Österreich finden Sie unter 💻 austria.diplomatie.belgium.be/de/botschaft-und-konsulate.
- Botschaft des Großherzogtums Luxemburg in der Schweiz, 45, Kramgasse B. P. 619, CH-3000 Bern 8, ☏ 00 41/(0)31/311 47 32 oder 00 41/(0)31/311 68 76, 💻 berne.mae.lu, ✉ berne.amb@mae.etat.lu oder berne.consulat@mae.etat.lu (Konsularabteilung)
- Belgische Botschaften und Konsulate in der Schweiz finden Sie unter 💻 switzerland.diplomatie.belgium.be/de.

Einkaufen

Einkaufsmöglichkeiten sind unterwegs dünn gesät. In den größeren Ortschaften finden Sie meist zumindest einen kleinen Laden, wo Sie sich versorgen können. Damit Sie nicht „auf gut Glück" unterwegs sein müssen, sind alle Geschäfte im Text angegeben.

☺ Die meisten Hotels und Campingplätze bieten Ihnen gegen Entgelt ein Lunchpaket an. Damit können Sie den Weg bis zum nächsten Laden überbrücken.

Elektrizität

In Luxemburg verwendet man dieselben Steckernormen wie in Deutschland (Stecker C und F), in Belgien die Normen E und F, was meistens mit den deutschen Steckern harmoniert. Auch werden Stromanschlüsse jeweils mit derselben Netzspannung und derselben Netzfrequenz betrieben. Damit können Sie fast alle Elektrogeräte in Luxemburg und Belgien betreiben, die Sie auch zu Hause verwenden.

Essen und Trinken

Da Sie während der Wanderung kaum Gelegenheit zum Einkaufen haben, will die Verpflegung gut geplant sein. Wann immer es Restaurants, Imbisse oder Lebensmittelgeschäfte entlang der Strecke gibt, sind diese im Buch aufgeführt. Außerdem erklären sich beinahe alle Hoteliers und Campingwirtinnen und -wirte bereit, auf Anfrage ein Lunchpaket zusammenzustellen. Da auch sie kalkulieren müssen, baten einige darum, dass Wandernde den Wunsch nach einem Lunchpaket schon am Vortag aussprechen. Hiermit sollte es möglich sein, dass Sie die Wanderung ohne knurrenden Magen durchführen können.

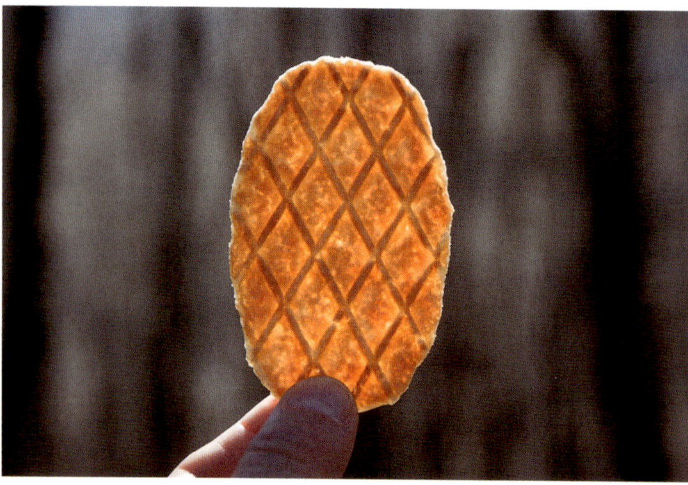

Wegzehrung

Als Tipp hier noch die längsten Strecken, die Sie mit eigener Verpflegung überbrücken müssen:

- ▷ Hoffelt – Houffalize (16,1 km)
- ▷ Hoscheid – Kautenbach (15,5 km)
- ▷ Erpeldingen – Burscheidermühle (14,4 km)
- ▷ Houffalize – Engreux (11,7 km)
- ▷ Nadrin – Borzée (15,2 km)

Etappeneinteilung

Bei den Recherchen habe ich darauf geachtet, die Tour möglichst vielen Wanderinnen und Wanderern zu ermöglichen. Wenn Sie bei der Unterkunft flexibel sind, lassen sich die meisten Etappen unterteilen. Die einzigen Ausnahmen sind die 3. Etappe des Lee Trail mit 15,5 km und – mit Einschränkung – die 3. Etappe des Eislek Trail. Hier müssen Sie sich auf 20,3 km einstellen.

Falls Sie lieber längere Touren gehen möchten, dann ist auch das möglich. Bitte bedenken Sie aber im Vorhinein, dass Sie meist große Höhenunterschiede bewältigen müssen.

Geld

Luxemburg und Belgien sind Mitglieder der Eurozone. Das gültige Zahlungsmittel ist der Euro. Das Preisniveau für Lebensmittel, Eintritte, Gastronomie und Unterkünfte bewegt sich in etwa demselben Rahmen wie in Deutschland. Benzin ist in Luxemburg meistens um etwa 10 % günstiger. Banken und Geldautomaten finden Sie entlang des Weges vornehmlich in den größeren Ortschaften. Daher werden die wenigen Möglichkeiten zum Geldabheben im Text erwähnt.

Haustiere

Das Auswärtige Amt schreibt auf seiner Website: „Für Reisen mit bestimmten Heimtieren (Hunde, Katzen, Frettchen) in Länder der Europäischen Union mit Ausnahme von Irland, Malta und Finnland, wo abweichende Bestimmungen gelten, ist ein EU-Heimtierausweis erforderlich. Er dient u. a. als Nachweis, dass das Tier gegen Tollwut geimpft ist.

Einen Musterausweis sowie weitergehende Informationen bietet das Bundesministerium für Ernährung und Landwirtschaft.“

Weitere Informationen finden Sie unter 💻 www.bmel.de.

Bitte beachten Sie auch, dass es sowohl in Luxemburg als auch in Belgien Pflicht ist, Hunde an der Leine zu führen. In aller Regel werden Sie keine Probleme haben, mit Hund eine Unterkunft zu finden. Auch in den meisten Lokalen sind Hunde willkommen. Details hierzu sind in den ☞ Etappenbeschreibungen aufgeführt. Um sicher zu gehen, sollten Sie das jedoch vorher mit den Betreiberinnen und Betreibern abklären.

Informationen

In Luxemburg passieren Sie mehrere Ortschaften mit eigener Touristeninformation: Ettelbrück, Munshausen, Klerf und Ulflingen. Drei Touristenbüros liegen in Belgien auf dem Weg: eines in Houffalize, eines in Nadrin und ein weiteres in La Roche-en-Ardenne.

Allgemeine Informationen erhalten Sie bei Visit Luxembourg, Visit Éislek, Belgium Wallonia und der Organisation Parc naturel des deux Ourthes.

- 💻 www.visitluxembourg.com/de
- ♦ www.visit-eislek.lu/de
- ♦ www.visitwallonia.de
- ♦ www.pndo.be (französisch)

Informationen zu den beiden Escapardenne-Trails finden Sie unter:

💻 blog.escapardenne.eu.

Jagdzeiten

In Belgien verläuft der Trail teilweise durch Jagdreviere. Die Jagdzeit ist zwischen Oktober und Januar. Falls es Sperrungen des Trails gibt, so betreffen diese immer nur einen geringen Teil der Wegstrecke. Ob und wo dies der Fall ist, erfragen Sie bitte im Touristenbüro in Houffalize (💻 www.houffalize.be) oder unter 💻 blog.escapardenne.eu.

Klima und Reisezeit

Grundsätzlich sind die Ardennen ein sehr regenreiches Gebiet. Teile – wie zum Beispiel das Hohe Venn – sind gar europäische Rekordhalter, was die Regenmenge angeht. Dennoch gibt es immer auch lang anhaltende freundliche und trockene Phasen, in den Sommermonaten sogar Hitzeperioden.

Erklären lässt sich das durch die Lage – die Ardennen sind das erste Mittelgebirge, auf das die feuchte Atlantikluft trifft – und gleichzeitig durch den Einfluss des europäisch-asiatischen Kontinentalklimas von der anderen Seite. So sorgt der Steigregen vom Meer für viel Niederschlag und auch dichten Nebel, das kontinentale Klima oft für schneidende Kälte im Winter.

Am eindeutigsten kann man die Ardennenregion in den Monaten Mai bis Oktober dem gemäßigten Klima zuordnen: Die wärmsten Monate sind Juli und August, die sonnigsten Mai und Juni. Wenn Sie Glück haben, erwischen Sie im September oder Oktober einen schönen Spätsommer.

Zu diesen Zeiten werden Sie auch am meisten Glück bei Unterkünften und Restaurants haben. Viele Betriebe schließen zwischen November und April ganz. Da sich Wetterextreme zunehmend häufen, ist es empfehlenswert, sich die Wetter-Apps von MeteoLux und KMI zu installieren.

Grundsätzlich ist von einer Begehung des Trails im Winter eher abzuraten, da Schnee und Eis die ohnehin schwierigen Wege zusätzlich verschärfen. Erkundigen Sie sich in jedem Fall vorher über die Wegverhältnisse, falls Sie eine Winterbegehung planen.

Landkarten, Wegmarkierungen und GPS

Die durchgehende Wegmarkierung ist die weiße Welle auf blauem Grund (Hochwasservarianten auf gelbem Grund). Obwohl beide Trails nahezu perfekt markiert sind und Sie nur selten Schwierigkeiten bei der Wegfindung haben werden, empfiehlt es sich, gutes Kartenmaterial mitzunehmen.

Die Markierung des Lee und Eislek Trail

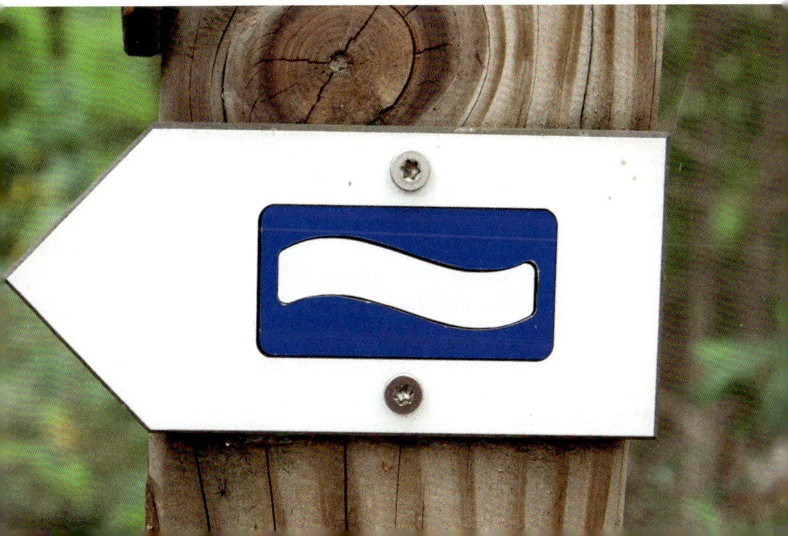

Für den Escarpardenne Trail gibt es seit 2022 eine Sonderkarte im Maßstab 1:33.333. Die Karte beinhaltet jetzt beide Wege, Eislek und Lee Trail. Diese können Sie im Buchhandel oder unter 💻 blog.escapardenne.eu bestellen. Außerdem ist sie bei allen Touristenbüros entlang des Trails erhältlich.

Alternativ können Sie sich auch mit den topografischen Karten Luxembourg R1 und R2 und den Karten 60/1-2, 60/3-4 und 61/1-2 (jeweils im Maßstab 1:25.000) des belgischen Nationalen Geografischen Institutes NGI ausstatten (💻 www.ngi.be).

☺ Die Kartenangaben wurden geprüft von der Geobuchhandlung Kiel, ☎ 04 31/942 49.

Die GPS-Tracks zu den beiden Trails können Sie von der Internetseite des Verlags (💻 www.conrad-stein-verlag.de) herunterladen.

📖 **GPS** Grundlagen · Tourenplanung · Navigation von Michael Hennemann, Conrad Stein Verlag, Basiswissen für draußen, Band 375, ISBN 978-3-86686-769-7, € 12,90

Medizinische Versorgung

In Luxemburg gibt es ein Krankenhaus in Ettelbrück, in Belgien liegt das nächste in Bastogne. Ärztliche und zahnärztliche Versorgung erhalten Sie in allen Städten entlang des Weges, in Ettelbrück, Klerf, Ulflingen, Houffalize und La Roche-en-Ardenne. Dort finden Sie auch jeweils Apotheken. Darüber hinaus gibt es auch in Ulflingen einen Augenarzt und eine Apotheke in Nadrin. Die medizinische Versorgung entspricht in beiden Ländern dem höchsten europäischen Niveau. Bitte erkundigen Sie sich vor der Reise bei Ihrer Krankenkasse, ob alle möglichen Kosten in den beiden Reiseländern übernommen werden. Einen guten Überblick über die medizinische Versorgung in Luxemburg und in Belgien erhalten Sie auch unter 💻 crm.de.

Tierärztinnen und Tierärzte finden Sie an den Trails in Eselborn (nahe Klerf), in Ulflingen, in Helzingen und in La Roche-en-Ardenne.

Notruf

Die Notrufnummer in Belgien und Luxemburg ist die ☎ 112.

Radfahren

Gerade in Belgien ist der Radsport sehr beliebt. An den Wochenenden werden Ihnen Rennradfahrerinnen und -fahrer auf den Landstraßen und Mountainbikerinnen und Mountainbiker im Wald begegnen. Die meisten Zusammentreffen sind friedlich, jedoch besteht auch immer die Gefahr, dass man sich gegenseitig übersieht – dann mit manchmal fatalen Folgen. Seien Sie also immer auch auf Radverkehr gefasst.

Sprache

Luxemburg ist dreisprachig: Luxemburgisch, Deutsch und Französisch sind die Amtssprachen. Meistens werden Sie auch mit Englisch Erfolg haben. In der belgischen Provinz Luxembourg wird ausschließlich Französisch gesprochen. Wegen des Tourismus beherrschen viele Anwohner jedoch auch Niederländisch und Deutsch, mindestens jedoch Englisch.

☞ Einen kleinen Sprachführer finden Sie am Ende des Buches.

Da Luxemburg dreisprachig ist und auch in allen Landesteilen alle drei Sprachen gesprochen werden, herrscht dort eine gewisse Sprachkonfusion. Daher werden im Text die deutschen Ortsbezeichnungen verwendet und es wird auf die luxemburgischen bzw. französischen Bezeichnungen hingewiesen. Damit werden Sie vor Ort keine Probleme haben. In Belgien spricht man zwar offiziell auch drei Sprachen, jedoch sind diese – außer in Brüssel – regional verteilt. Die Wanderung führt durch die Wallonie. Dort wird traditionell Französisch gesprochen. Es gibt zwar oft auch deutsche Ortsbezeichnungen, vor Ort ist das jedoch eher nicht hilfreich. Daher finden Sie für Belgien im Text die französischen Bezeichnungen.

Telefon und Internet

- ▷ Vorwahl Luxemburg: 003 52
- ▷ Vorwahl Belgien: 00 32
- ▷ Vorwahl Deutschland aus Belgien/Luxemburg: 00 49
- ▷ Vorwahl Österreich aus Belgien/Luxemburg: 00 43
- ▷ Vorwahl Schweiz aus Belgien/Luxemburg: 00 41

Grundsätzlich haben Sie auf der gesamten Strecke Handyempfang. In engen Flusstälern kann dieser leicht eingeschränkt sein. Dennoch bestehen die Einschränkungen meist nur lokal, sodass Sie meist nach kurzem Weg wieder sicheren Empfang haben.

Belgien und Luxemburg sind gut an das Internet angeschlossen. Fast alle Gaststätten, Hotels und Campingplätze bieten ihren Kunden kostenloses WLAN an. Auch Touristenbüros bieten zumeist WLAN an.

Unterkunft

Entlang des Trails – ob Lee Trail oder Eislek Trail – finden Sie abseits der großen Hauptorte nur wenige Möglichkeiten zum Übernachten. Das können Hotels, Bed&Breakfasts oder aber Campingplätze sein. Die Etappenziele sind jeweils so gelegt, dass es mindestens eine Übernachtungsmöglichkeit gibt. Bitte reservieren Sie Ihre Unterkunft im Voraus! Gerade in den Sommermonaten könnte es sonst zu Engpässen kommen, die Sie zum Weiterreisen zwingen.

Alle Hotels, die im Buch erwähnt sind, nehmen Wandernde für eine Nacht auf. Die Preise gelten bei Einzelzimmern für eine Person, bei Doppelzimmern ebenfalls für je eine Person. Rechnen Sie also mit dem doppelten Preis, falls Sie als Einzelperson ein Doppelzimmer nehmen. Bitte erkundigen Sie sich im Voraus nach freien Zimmern, falls Sie mit Hund unterwegs sind, da einige Häuser nur eine begrenzte Anzahl an Zimmern für Hunde freigeben. Falls es mehr als ein Hotel gibt – das ist in Ettelbrück, Klerf, Ulflingen, Houffalize und La Roche der Fall –, werden Häuser in verschiedenen Preisklassen vorgeschlagen. Sie können sich über die Touristenbüros auch eine vollständige Liste zu diesen Orten geben lassen. Überall sonst sind alle möglichen Unterkünfte angegeben.

Einige Campingplätze auf dem Trail bieten Ihnen neben den üblichen Zeltmöglichkeiten auch spezielle Wanderhütten an, die Sie für eine Nacht buchen können. Das sind tonnenförmige Holzhütten, die komplett mit zwei Klappbetten, Tisch und Stühlen ausgestattet sind. Sie können also Ihr Zelt zu Hause lassen, falls Sie sich für diese Variante entscheiden. Plätze finden Sie auf dem Lee Trail in Ettelbrück, Burscheidermühle und Kautenbach. Entlang des Eislek Trail können Sie in Enscheringen, Klerf, Mau-

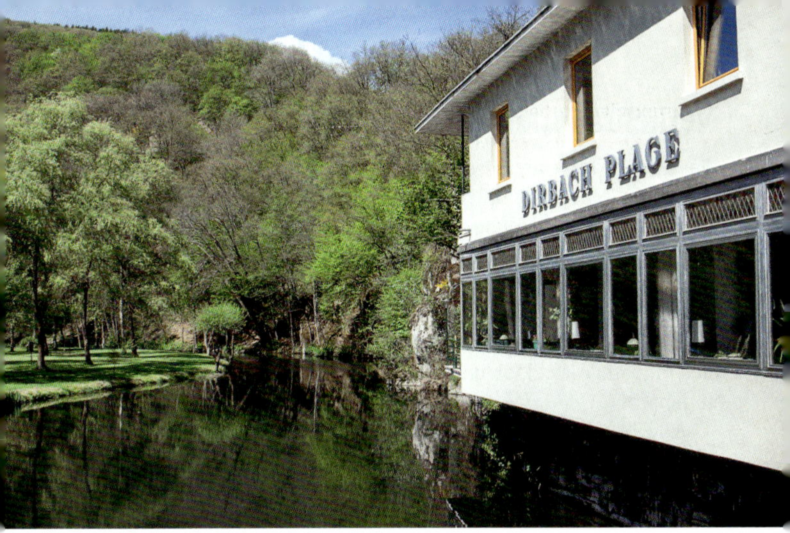

Das Hotel Dirbach Plage

lusmühle, Ulflingen, Houffalize, Chession, Engreux, Maboge und La Roche zelten.

Einige der Plätze sind nur für Wandernde mit eigenem Zelt geeignet. Entweder gibt es dort keine Möglichkeit, eine Unterkunft zu mieten, oder Sie müssen sich für mindestens drei Tage dort einmieten. Auf den restlichen Plätzen ist eine Voranmeldung in jedem Fall sinnvoll.

In Luxemburg und Belgien ist das wilde Kampieren grundsätzlich verboten.

Updates

Der Conrad Stein Verlag veröffentlicht Updates zu diesem Wanderführer, die direkt von der Autorin oder von Leserinnen und Lesern des Buches stammen. Sie finden diese auf der Verlagshomepage www.conrad-stein-verlag.de. Der abgebildete QR-Code führt Sie direkt dorthin.

Verkehrsmittel unterwegs

In Luxemburg ist der ÖPNV sehr komfortabel und zudem kostenlos. Zwischen Ettelbrück und Ulflingen verkehren stündlich Personenzüge mit guter Anbindung auch nach Luxemburg-Stadt. In eigentlich jeder Ortschaft hält zudem ein Bus, der Sie mindestens zum nächsten Bahnhof bringt. Diese fahren jedoch oft nicht am Wochenende.

Im Text sind alle möglichen Buslinien aufgeführt, außerdem die Tage, an denen sie verkehren. Da sich Fahrpläne ändern können, informieren Sie sich bitte im Vorfeld, ob und zu welchen Uhrzeiten die jeweiligen Buslinien fahren.

Alle Informationen zu Bussen und Bahnen in Luxemburg finden Sie unter 💻 www.mobiliteit.lu und www.cfl.lu. Buspläne zu einzelnen Linien finden Sie unter 💻 www.mobiliteit.lu, dort unter „se déplacer“ → „Bus“. Hier werden alle Buslinien aufgeführt. Optimale Verbindungen zwischen zwei Zielen können Sie sich auch direkt ausgeben lassen, wenn Sie auf der Startseite die Suchmaske ausfüllen.

Der belgische Teil des Trails ist ebenfalls mit Bussen erreichbar. Diese fahren jedoch in der Regel nur selten und meist nicht am Wochenende. Fahrpläne zu den einzelnen Haltestellen erhalten Sie auf:

💻 www.infotec.be

☺ Sehr schön und übersichtlich ist die Website 💻 www.rome2rio.com, die Ihnen alle verfügbaren Möglichkeiten anzeigt.

Taxis in Luxemburg und Belgien sind eher eine Seltenheit. Viele Taxiunternehmen übernehmen Dialysefahrten, die immer dem privaten Transport vorgezogen werden. Damit benötigen Sie ein wenig Glück, um ein Taxi zu rufen. Bitte bedenken Sie, dass Sie in der Regel auch die Anfahrt des Wagens bezahlen müssen.

In Luxemburg haben Sie die Wahl zwischen Novabus (☏ 003 52/80 85 77 30), Taxi des Ardennes (☏ 003 52/97 80 20), Taxi 2000 SA (☏ 003 52/26 21 16 35 55) und Taxi AS Wiltz (☏ 03 52/95 70 08).

In Belgien erreichen Sie ein Taxi unter ☏ 00 32/(0)4 95/25 11 36.

Verkehrssituation

Das Auswärtige Amt schreibt auf seiner Internetpräsenz: „Die Zahl der Verkehrstoten liegt in Luxemburg deutlich über dem EU-Durchschnitt. Leider werden relativ viele Fußgänger auf Überwegen angefahren. Man sollte daher als Fußgänger selbst bei grüner Ampel genau beobachten, ob Autos und Busse wirklich anhalten."

Es ist eine Feststellung, die Sie bald teilen werden, sobald Sie in Luxemburg unterwegs sind. Tatsächlich gilt jedoch ebenfalls für Belgien, dass Sie dort als Fußgängerinnen und Fußgänger sehr aufmerksam sein müssen. Autos bewegen sich oft mit hohem Tempo. In Belgien kommt noch der allgegenwärtige Nationalsport hinzu: Belgien ist radsportbegeistert.

Überall in den Ardennen locken kurvenreiche Strecken Motorradfahrerinnen und Motorradfahrer an. Seien Sie also bitte auf alle Verkehrssituationen gefasst.

Zeit

In Luxemburg und Belgien herrscht wie in Deutschland die Mitteleuropäische Zeit (UTC+1), in den Sommermonaten die Mitteleuropäische Sommerzeit (UTC+2).

Werde Fan bei Facebook und Instagram!

www.facebook.com/outdoorverlag

www.instagram.com/outdoorverlag

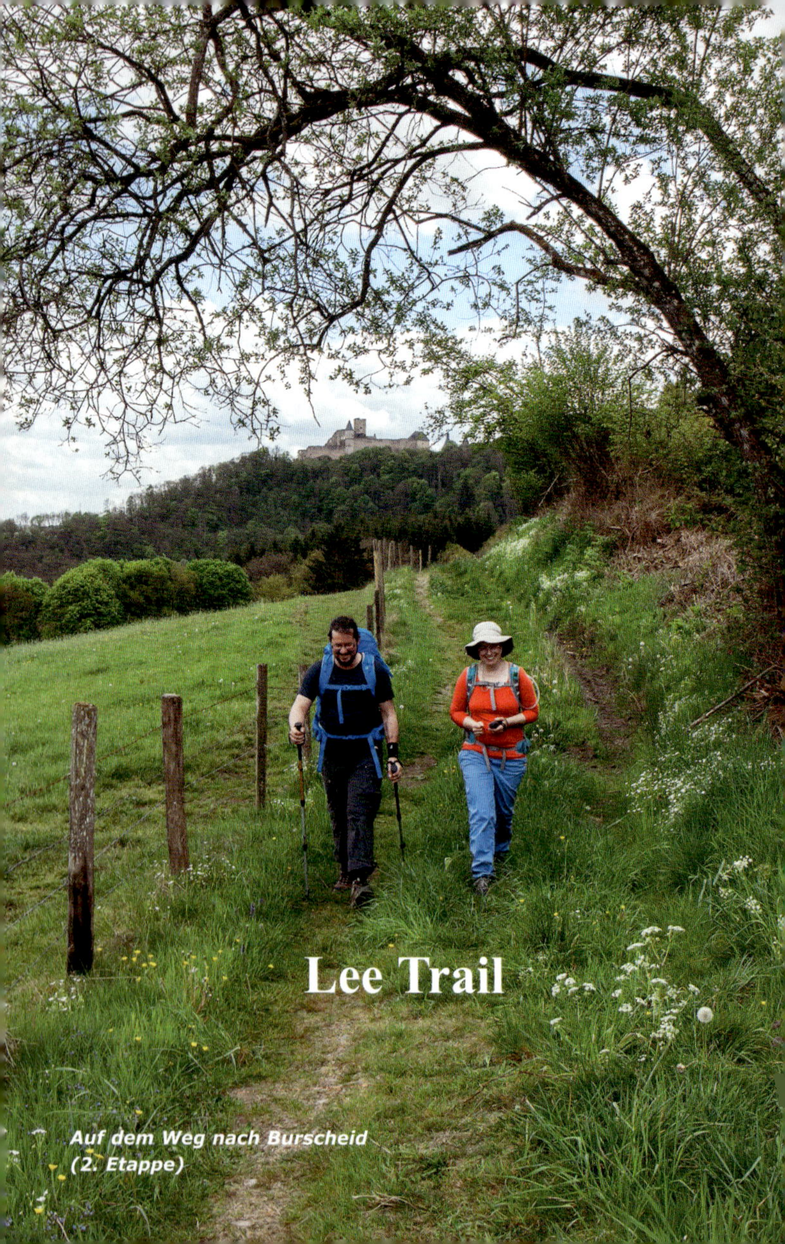

Lee Trail

Auf dem Weg nach Burscheid (2. Etappe)

Ettelbrück

(Lë: Ettelbréck, Fr: Ettelbruck)

Touristeninformation, 5, Rue Abbé Henri Muller, L-9065 Ettelbrück, 003 52/81 20 68, https://ettelbruck.lu/visiteur/de, info@ecto.lu, Mo-Fr 10:00-17:00, Sa (in der Saison) 10:00-17:00

Hotel-Restaurant Lanners, 1, Rue de la Gare, L-9044 Ettelbrück, 003 52/812 12 71, hotel-restaurant-lanners.lu, contact@hotel-restaurant-lanners.lu, ÜF im EZ ab € 75, im DZ ab € 48, Ende Aug für zwei Wochen geschlossen, Restaurant Di-So 12:00-14:00 und 18:00-21:00, Brasserie Di-So 12:00-23:00, Gastronomie jeweils mit französischer Küche, Lunchpaket, Gepäcktransport zum nächsten Wanderziel, Hunde willkommen, Übernachtung € 5

♦ Hotel Herckmans – Le Restone, 3, Place de la Résistance, L-9070 Ettelbrück, 003 52/81 74 28, www.hotel-herckmans.com, ÜF im EZ inkl. Lunchpaket ab € 100, im DZ ab € 70, Jan geschlossen, Restaurant Mi-So 12:00-14:00 und 18:00-22:00, Gepäcktransport zum nächsten Wanderziel, Hunde sind nur im Restaurant willkommen

Camping Ettelbrück, 88, Chemin de Camping, L-9022 Ettelbrück, 003 52/81 21 85, www.campingettelbruck.lu/de, camping@ettelbruck.lu, Safarizelt/Tipi € 25/Pers., Wohnwagen € 30/Pers., Preis fürs Zelten erfragen, April-Nov, Gastronomie 01.04.-15.10. tägl. 18:00-21:00, italienische Küche und Fritterie

WC am Bahnhof (Startpunkt der Wanderung) und am Place de l'Église neben der Kirche

BANK Zahlreiche Geschäfte, Supermärkte etc. befinden sich in der Stadt.

Krankenhaus Centre Hospitalier du Nord Ettelbruck, 120, Avenue Lucien Salentiny, L-9080 Ettelbrück, 003 52/816 61

♦ Im Ort finden sich zahlreiche Ärztinnen und Ärzte sowie Zahnärztinnen und Zahnärzte.

⌘ General Patton Memorial Museum, 5, Rue Dr. Klein, L-9054 Ettelbrück, 003 52/81 03 22, www.patton.lu, patton@patton.lu, 01.06.-15.09. tägl. 10:00-17:00, 16.09.-31.05, So 13:00-17:00, Erwachsene € 5, Kinder € 3, Ausstellung zur Ardennenoffensive und zur Befreiung Ettelbrücks im Winter 1944/45

✞ Église Saint-Sébastien, Place de l'Église

Linien 116, Mo-Sa stündl., 117, Mo-Sa stündl., Linie 134, Mo-Sa stündl., nach Burscheid, Linie 136, Mo-Sa alle zwei Std. nach Erpeldingen – Michelau – Burscheidermühle – Goebelsmühle, Linie 137, Mo-Sa stündl., So und Fei dreimal tägl., nach Erpeldingen – Friedhof – Closdellt – Hoscheid, Linie 170, Mo-Sa dreimal tägl., nach

Closdellt-Friedhof – Hoscheid – Marnach, Linien 130, Mo-Sa stündl., So und Fei dreimal tägl., und 822, Mo-Sa dreimal tägl., nach Bastogne

Von Ettelbrück erreichen Sie viele Orte entlang des Lee und des Eislek Trail mit dem Zug. Regionalbahn: Luxemburg/Stadt–Ettelbrück–Diekirch, Luxemburg-Stadt – Ettelbrück – Michelau – Goebelsmühle – Kautenbach – Wilwerwiltz – Klerf – Ulflingen – Gouvy, IC: Luxemburg-Stadt – Ettelbrück – Michelau – Goebelsmühle – Kautenbach – Wilwerwiltz – Drauffelt – Klerf – Ulflingen – Gouvy

Ettelbrück empfängt den Reisenden mit dezentem Charme. Die Schönheit der Stadt wird sich Ihnen vielleicht erst auf den zweiten Blick erschließen. Das hat seine Gründe.

Einer davon ist die häufige Zerstörung der Siedlung über die Jahrhunderte. Waren es im 16. bis 18. Jh. vornehmlich Brände, die sich von Strohdach zu Strohdach ausbreiteten und ein Bild der Verwüstung hinterließen, so wurden der Stadt in den zurückliegenden Jahrhunderten die Weltkriege zum Verhängnis. Speziell der Zweite Weltkrieg forderte – wie fast überall in den Luxemburger Ardennen – unzählige Menschenleben und zerstörte große Teile von Ettelbrück. Deshalb finden Sie heute ein buntes Nebeneinander verschiedener Baustile und nur wenige historische Gebäude.

Ein anderer Grund ist die zentrale Lage im Norden von Luxemburg. So entwickelte sich aus dem Marktflecken in dem sonst dünn besiedelten und schwer zugänglichen Teil des Landes schnell auch ein Industriestandort mit Bahnhof, Milch- und Textilverarbeitung, Möbelhäusern und Tabakindustrie.

Für Luxemburg ist Ettelbrück auch deshalb ein historischer Ort, weil hier die Nationalhymne uraufgeführt wurde. Ein Denkmal vor der Finanzdirektion erinnert daran. Es ist in Anlehnung an den Hymnentext eine Hand, verziert mit singenden Mündern von Ettelbrücker Bürgerinnen und Bürgern. Als Sitz des Parlamentes im 19. Jh. war die Stadt außerdem die Wiege der ersten freiheitlichen Verfassung des Landes.

Haben Sie nun einen anderen Blick auf Ettelbrück? Dann heißt Sie die Stadt am Zusammenfluss von Alzette, Sauer und Warke herzlich willkommen.

1. Etappe: Ettelbrück – Burscheidermühle

17,7 km, 6 Std., ↑ 780 m, ↓ 750 m, ⇧ 196-468 m

0,0 km	⇧ 198 m	Ettelbrück, Bahnhofsvorplatz WC BANK ✝ ⌘ P
3,3 km	⇧ 197 m	Erpeldingen ✝
9,4 km	⇧ 362 m	Predigtstuhl
10,6 km	⇧ 404 m	Closdellt
13,8 km	⇧ 226 m	Michelau WC ✝
16,7 km	⇧ 439 m	Gringlee und Abzweig nach Lipperscheid-Dellt (950 m)
17,7 km	⇧ 231 m	Burscheidermühle

In der Nordmetropole Luxemburgs, in Ettelbrück, beginnt die erste Etappe des Lee Trail. Die Sauer bildet auf dieser Etappe die Orientierungs- und Landmarke, der Sie folgen. Dabei verläuft der Weg entlang der Bergkämme oberhalb des Flusses, die den markanten Reiz der Luxemburger Ardennen ausmachen.

Diese gleichsam schweißtreibenden wie landschaftlich beeindruckenden Aufstiege wechseln immer wieder mit Abstechern ins Flusstal, wo die Dörfer Erpeldingen, Michelau und Burscheidermühle Sie erwarten. Besondere Höhepunkte dieser Etappe sind mit Sicherheit die beiden Aussichtspunkte Predigtstuhl und Gringlee, jeweils oberhalb einer der vielen idyllischen Sauerschleifen gelegen und mit einer Aussicht, die jeden Aufstieg dieses Tages entlohnt.

Direkt vor dem Bahnhof Ettelbrück starten Sie die Wanderung am Hinweisschild. Hier erhalten Sie Informationen zum Lee Trail und gleichzeitig beginnt hier die Wegmarkierung „weiße Welle auf blauem Grund", die Sie über den gesamten Lee Trail und Eislek Trail begleiten wird. Wenden Sie sich nach rechts und folgen Sie auf dem Gehweg der Markierung bis zum Zebrastreifen, den Sie überqueren.

⌘ General Patton Memorial, Denkmal zur Befreiung Ettelbrücks am Ende des Zweiten Weltkriegs ❶. Sie finden hier eine ausführliche Infotafel zum Denkmal und Bänke.

In der Nähe der Infotafel führt ein mit „Ettelbruck Sentier de Haard“ beschilderter, steiler Pfad bergauf über die erste Lee dieser Wanderung (km 0,5).

Was ist eine Lee?

Als Lee bezeichnet man im Lëtzeburgischen einen felsigen Bergkamm. Gerade in den luxemburgischen Ardennen finden sich viele dieser Lees, da die Flüsse – in diesem Fall ist es die Sauer – sich tief und mit vielen Mäandern in die Landschaft gegraben haben. Jede Kurve, die ein Fluss nimmt, hinterlässt eine typische Landschaftsform: An der Außenseite der Kurve entsteht ein Prallhang und auf der Innenseite Schwemmland, auch Gleithang genannt. Während das Schwemmland flach und fruchtbar ist, ragt der Prallhang als steile Felswand empor und endet mit einem scharfen Kamm. Über diese Bergkämme führt Sie der Lee Trail.

Sie gewinnen schnell an Höhe. Wald und Weideflächen wechseln sich ab und immer wieder eröffnen sich schöne Tiefblicke hinunter auf die Sauer. Dank der zuverlässigen Markierungen werden Sie nur selten Probleme haben, den Weg zu finden.

Bei km 1,9 treffen mehrere Wanderwege aufeinander. Das Holzschild „Haard D“ lassen Sie links liegen und gehen stattdessen weiter geradeaus. Nach wenigen Metern setzt die bekannte Markierung wieder ein und die Orientierung ist erneut einfach.

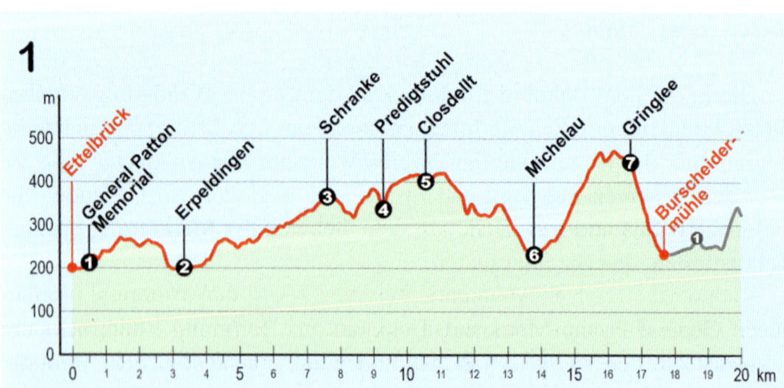

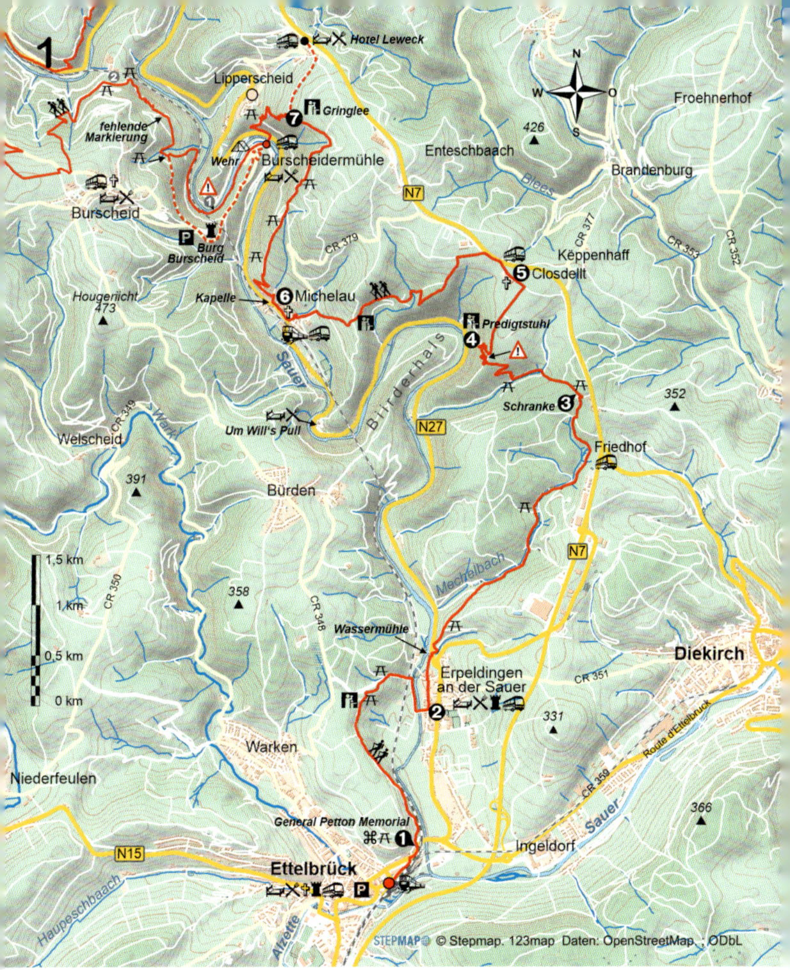

Aussichtsbank mit Blick auf Erpeldingen bei km 2,2

Sobald Sie die Picknickbank bei km 2,6 und den Waldrand erreicht haben, sehen Sie schon die Landstraße, eine ruhige Nebenstraße, vor sich. Entweder führt Sie diese bergab bis zum Bahnübergang oder Sie folgen der Markierung über eine Weide längs der Straße.

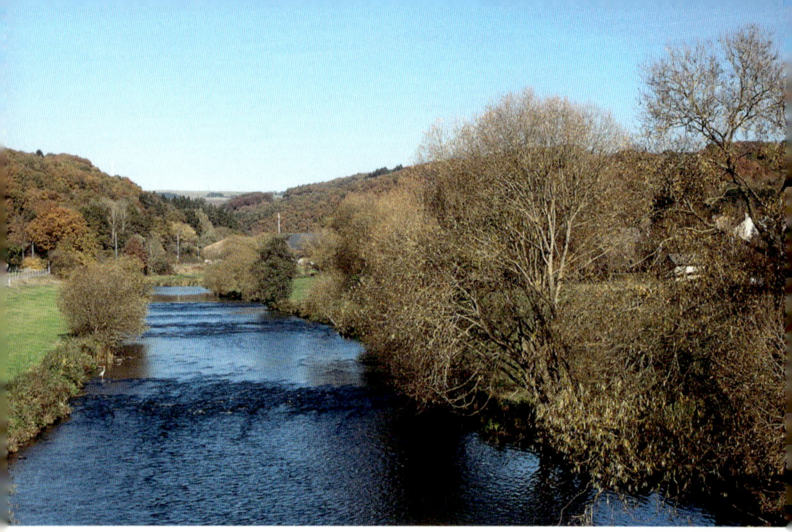

Die Sauer bei Erpeldingen

Am Bahnübergang fehlt die Wegmarkierung. Überqueren Sie diesen und folgen Sie dem Straßenverlauf. Danach finden Sie wieder zuverlässig Ihren Weg.

Entlang der Sauer haben Sie nun einen schönen Blick auf Erpeldingen am anderen Ufer, das Sie in Kürze über die Brücke erreichen ❷.

Erpeldingen an der Sauer

(Lë: Ierpeldeng Sauer, Fr: Erpeldange-sur-Sûre)

Hotel-Restaurant Dahm, 57, Porte des Ardennes, L-9145 Erpeldingen, 003 52/816 25 51, www.hotel-dahm.lu, dahm@pt.lu, ÜF im EZ ab € 90, DZ ab € 66, Feb bis Heiligabend, Restaurant Mo-Sa 11:45-13:30 und 18:00-21:00, So 11:45-13:30, Restaurant mit gehobener lokaler Küche, Brasserie mit traditioneller und regionaler Küche, Cocktailbar, Reservierung ist sinnvoll, Gepäcktransport zum nächsten Etappenziel, Wandernden werden aus der näheren Umgebung abgeholt.

Café Barros, 43, Porte des Ardennes, L-9145 Erpeldingen, 00 352/26 81 07 72, tägl. 7:30-24:00, Neujahr geschlossen, kleine Speisekarte mit portugiesischen Gerichten

Pfarrkirche Sankt Pauli Bekehrung

♜ Schloss Erpeldingen mit Schlosspark. Das Schloss ist Sitz der Gemeindeverwaltung und kann nicht besichtigt werden, der Park ist frei zugänglich.

🚌 Linie 116, 117 und 136 (☞ Ettelbrück)

↳ Wenn Sie von der Brücke kommend die Rue du Pont weiter bis zur Hauptstraße geradeaus und dann etwa 50 m nach links gehen, erreichen Sie das ✕ 🍷 Café Barros, wo Sie Erfrischungen und kleine Speisen erhalten.

Café und Stuff

Schon so mancher Luxemburg-Reisende war überrascht, wenn er ein Café im Ort besuchte und feststellte, dass es sich dabei meist um eine Gastwirtschaft handelt. Das ist einer der kleinen, aber feinen sprachlichen Unterschiede zwischen in Deutschland gesprochenem Deutsch und Lëtzeburgisch. Gastwirtschaften werden hier neben Café auch Stuff genannt.

Der Weg führt weiter von der Brücke aus nach links.

↳ An der nächsten Abzweigung nach rechts erreichen Sie nach etwa 50 m die Hauptstraße und eine 🚌 Bushaltestelle (Linie 116, 117 und 136, ☞ Ettelbrück). Von der Bushaltestelle aus sind es nur noch wenige Meter nach rechts bis zum 🛏 ✕ Hotel-Restaurant Dahm. Wenn Sie möchten, können Sie hier die Etappe unterbrechen.

Während Sie weiter dem Wanderweg folgen, durchqueren Sie den landwirtschaftlich geprägten Ort Erpeldingen mit seinen ursprünglichen Bauernhöfen und erreichen schließlich die alte Mühle, eine ehemalige Wassermühle. Hier führt rechter Hand eine Treppe an der Mauer hinauf zur Straße. Überqueren Sie in aller Vorsicht die Fahrbahn. ✋ Achtung, es kann viel Verkehr herrschen!

Auf der anderen Straßenseite empfängt Sie ein Waldweg und bald erreichen Sie an einer Lichtung ein paar Stufen, die Sie auf die nächste Lee führen. Hier laufen Sie zunächst über die Berghöhe, um nach kurzer Wegstrecke zurück ins Tal abzusteigen. Entlang des Mechelbachs folgen Sie der Markierung durch Forst und naturnahen Wald. In kurzen Abständen finden Sie hier schöne Picknickplätze mit ⛩ Bänken. Bei km 7,6 erreichen Sie eine Wegkreuzung. Ein paar Meter nach rechts und Sie erreichen einen Wanderweg mit einer Schranke ❸. Diesen Weg gehen Sie nun weiter.

↬ Die 🚌 Bushaltestelle „Fridhaff" erreichen Sie, wenn Sie – statt in den Weg mit der Schranke abzubiegen – 120 m weiter geradeaus bis zur Schnellstraße N7 gehen (Linie 117 und 137, ☞ Ettelbrück).

Bei km 8,4 verlassen Sie den breiten Waldweg. Ein schmaler Pfad führt Sie in Serpentinen auf 390 m durch Schluchtwald, hinauf zu einer ⛼ Erholungsbank.

✋ Der reguläre Weg führt Sie ab der Bank nach links. Sie gehen nun auf einem sehr schmalen, abschüssigen Pfad, der Konzentration und Trittsicherheit verlangt! Falls Sie sich unsicher fühlen oder wenn der Weg nach starkem Regen rutschig ist, können Sie stattdessen an der Bank ↬ nach rechts abbiegen. Nach ca. 100 m finden Sie wieder die bekannten Markierungen.

Falls Sie den regulären Weg wählen, erreichen Sie nach wenigen Serpentinen den Aussichtspunkt Predigtstuhl ❹ (km 9,4), von wo Sie einen beeindruckenden Blick über den Biirderhals – eine Schleife der Sauer – haben (📷 Seite 9).

Der Predigtstuhl

Vom Predigtstuhl erzählt man sich folgende Geschichte: Als der heilige Willibrord im 7. Jh. diese Gegend bereiste, um zu missionieren, nahm man zunächst wenig Notiz von ihm. Darüber erbost, stieg Willibrord auf jenen Felssporn und predigte Holzfällern, die ihre Arbeit auf der anderen Flussseite taten. Damit hatte er Erfolg. Wie Sie sehen, muss der Heilige eine laute Stimme gehabt haben.

Wenige Meter folgen Sie dem schmalen Pfad nun bergauf und treffen am Waldrand auf einen breiten Forstweg, der Sie linker Hand zwischen Wiesen und Feldern zum Gehöft Closdellt ❺ führt.

Closdellt ✞ 🚌

(Lë: Closdellt, Fr: Closdellt)

✞ Marienkapelle unmittelbar am Gehöft

🚌 Linien 137 (☞ Ettelbrück)

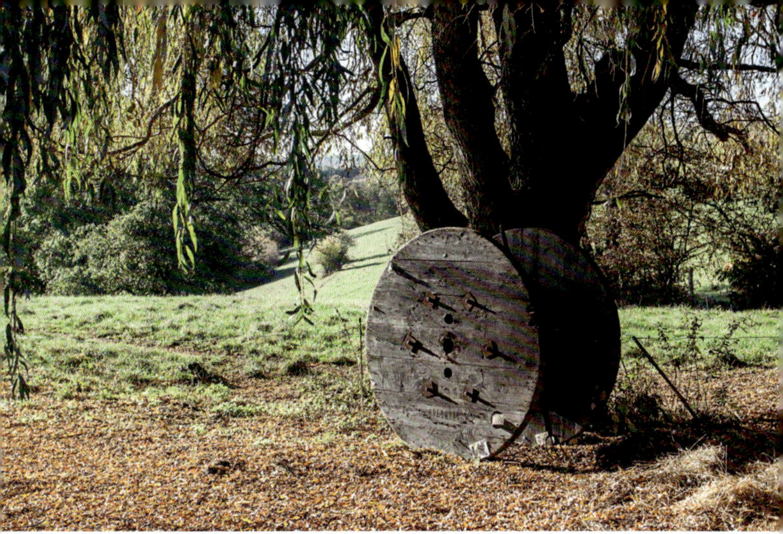

In Closdellt

Sie gehen nun eine kurze Strecke parallel zur Schnellstraße N7 auf einer geteerten Straße. Dies ist die alte Nordstraße, die nur noch sehr selten befahren wird. Kurz bevor Sie das Umspannwerk erreichen, zweigt die Straße nach links ab.

Bald laufen Sie auf einem lehmigen Feldweg bergab, schließlich auf einem schmalen Pfad entlang einer weiteren Lee. Bei km 12,9 erreichen Sie einen Aussichtspunkt und eine Picknickbank am Gipfelkreuz. Die Fahrstraße führt Sie ins Tal nach Michelau ❻.

Michelau

(Lë: Méchela, Fr: Michelau)

Hotel-Um Will's Pull, Um Willspull, L-9172 Burscheid, 003 52/27 74 28 36 und 003 52/691 17 07 84, https://umwillspull.lu, info@willspull.lu, ÜF im EZ ab € 65, DZ ab € 50, Lunch-Menu 12:00-14:00, Dinner 18:30-21:00, Restaurant mit lokaler Küche, Reservierung ist sinnvoll, Haltestelle „Willspull", Linie 136 direkt vorm Hotel

WC Im Bahnhofsgebäude befindet sich eine öffentliche Toilette.

✝ Pfarrkirche von Michelau, gewidmet dem hl. Wendelin

Linie 136 (☞ Ettelbrück)

Nahverkehrszug und IC (☞ Ettelbrück)

Sobald Sie an der Kirche die Hauptstraße erreicht haben, biegen Sie nach rechts ab und wandern durch das Dorf.

Falls Sie den Trail unterbrechen möchten, wenden Sie sich an der Kirche nach links. Nach 50 m entlang der Hauptstraße erreichen Sie den Parkplatz und den Bahnhof von Michelau (hier WC). Hier finden Sie auch die Bushaltestelle.

Weiter durch Michelau gehen Sie bis zu einer kleinen Kapelle. Hier biegt der Trail nach rechts ab und nach ca. 80 m geht es wieder nach links und der Weg führt jetzt steil den Berg hinauf. Nun erwartet Sie die größte Steigung der Etappe, die durch eine fantastische Aussicht belohnt wird.

Sie erreichen bald den Ortsrand und gehen weiter bergauf, teils auf breiteren, teils auf sehr schmalen und seitlich abschüssigen Waldwegen, bis Sie den Aussichtspunkt Gringlee ❼ erreichen, eine 242 m hohe Felswand oberhalb von Burscheidermühle (km 16,6).

Aussichtspunkt Gringlee

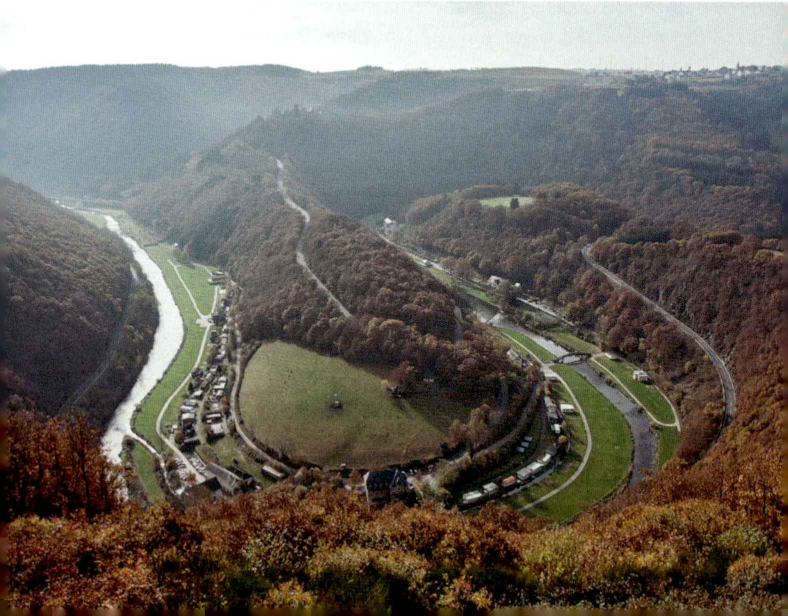

Aussichtspunkt Gringlee

Auf dem Sattel des Mäanders vor Ihnen erhebt sich Burscheid mit seiner Burg. Der Aussichtspunkt ist bei Paragliderinnen und Paraglidern ein beliebter Startpunkt.

Von der Gringlee aus erwartet Sie ein eindrucks- und anspruchsvoller Abstieg über eine schmale Wegspur bis ins Tal.

Bei feuchter Witterung kann der Weg sehr rutschig sein.

Falls Sie von der Gringlee weiter geradeaus gehen, erreichen Sie nach etwa 700 m den Ortsrand von Lipperscheid-Dellt. Wenn Sie von hier an in etwa die Gehrichtung beibehalten und noch weitere 250 m parallel zur Schnellstraße N7 wandern, so erreichen Sie das Sporthotel Leweck.

Lipperscheid-Dellt

(Lë: Lëppschent oder Lëppscht, Fr: Lipperscheid)

Sporthotel Leweck, Route Diekirch-Clervaux, L-9378 Lipperscheid-Dellt, 003 52/99 00 22, www.sporthotl.lu, info@sporthotel.lu, ÜF ab € 122 im EZ, im DZ € 82, je zwei Wochen im Jan und im Juli geschlossen, Brasserie tägl. 12:00-14:00 und 18:30-21:30, Restaurant tägl. 19:00-20:30, Cocktailbar tägl. 17:00-24:00, in der Brasserie luxemburgische und französische Küche, Wild, im Restaurant gehobene regionale Küche, ☺ für Hotelgäste frei: Schwimmbad, Sauna, Massagen, Fitnessbereich, Sporthalle

Linie 137 (☞ Ettelbrück)

Im Tal angekommen müssen Sie die Landstraße überqueren. Seien Sie dabei bitte vorsichtig, da Sie hier von Autofahrerinnen und Autofahrern erst sehr spät gesehen werden und die Landstraße recht viel befahren ist.

Über die Sauerbrücke erreichen Sie das Etappenziel Burscheidermühle.

Burscheidermühle

(Lë: Buerschtermillen, Fr: Bourscheid-Moulin)

Cocoon Hotel La Rive, Buurschter-Plage, L-9164 Burscheidermühle, 003 52/263 03 51, cocoonhotels.eu, larive@cocoonhotels.lu,

ÜF ab € 125 im EZ, ab € 65 im DZ, Hotel ganzjährig, außer 20.12.-31.12., Küche tägl. 18:00-21:00, Bar 18:00-23:00, Restaurant und Bistro mit gehobener Luxemburger Küche, Lunchpaket auf Anfrage, ☺ Sauna für Hotelgäste, Gepäcktransport zur nächsten Wanderstation, Wandernde werden auf Anfrage aus der Umgebung abgeholt.

Cocoon Hotel Belair, Buurschter-Plage, L-9164 Bourscheid-Plage, ☎ 003 52/263 03 51, cocoonhotels.eu, belair@cocoonhotels.lu, ÜF ab € 130 im EZ, ab € 70 im DZ, Hütten mit Whirlpool ab € 73/Pers., Hotel ganzjährig, außer 20.12.-31.12., Restaurant: 18:00-21:00, Brasserie: 12:00-21:00, französische Küche, Gepäcktransport zur nächsten Wanderstation, Wandernde werden auf Anfrage aus der Umgebung abgeholt.

Camping du Moulin, Buurschtermillen, L-9164 Burscheidermühle, ☎ 003 52/99 03 31, www.camp.lu, moulin@camp.lu, Preise erfrgen, 01.04.-5.11.

Brasserie du Vieux Moulin „Am Keller“, 7, Buurschtermillen, L-9164 Burscheidermühle, ☎ 003 52/90 80 88, www.amkeller.lu, brasseri@pt.lu, Mi-So 11:30-0:00, Küche 11:30-14:30 und 17:30-21, Wild- und luxemburgische Spezialitäten

Linie 136 (☞ Ettelbrück)

2. Etappe: Burscheidermühle – Hoscheid

19,4 km, 7 Std., ↑ 1.030 m, ↓ 775 m, ⇧ 229-505 m

0,0 km	⇧ 231 m	Burscheidermühle
3,4 km	⇧ 320 m	Fischeiderhof
5,3 km	⇧ 496 m	Abzweig nach Burscheid (400 m)
5,7 km	⇧ 505 m	Napoleonsknäppchen
9,7 km	⇧ 250 m	Dirbach
13,2 km	⇧ 245 m	Goebelsmühle WC
15,9 km	⇧ 268 m	Schlinder
19,4 km	⇧ 486 m	Hoscheid ⌘

Diese zweite Etappe des Lee Trail macht seinem Namen alle Ehre: Jede Lee, die entlang des Weges liegt, werden Sie überwandern. Und da hier sowohl die Wiltz als auch die Schlinder in die Sauer münden, gibt es eine ganze Reihe davon! Die über 1.000 Höhenmeter, die Sie dabei überwinden werden, verlangen einiges an Kondition und Konzentration. Dafür werden

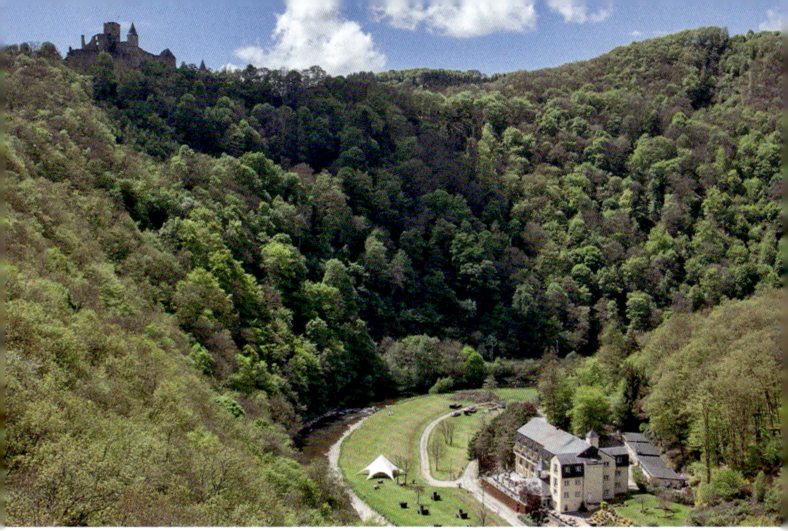

Blick ins Sauertal mit Burg Burscheid

Sie durch eine geradezu atemberaubende Landschaft entschädigt, besonders auf den letzten Kilometern, wenn Sie die zauberhafte Molbeerlee erreicht haben. Und gleich zu Beginn des Weges können Sie außerdem noch wählen: Möchten Sie lieber an der idyllischen Sauerschleife entlangwandern oder den Aufstieg zur Burg Burscheid machen? Diese Entscheidung wird Ihnen nur bei Hochwasser abgenommen (☞ Seite 56).

☺ In Hoscheid gibt es keine Übernachtungsmöglichkeit mehr, da das Hotel des Ardennes dauerhaft geschlossen ist. Wenn Sie in Burscheid im Hotel St. Fiacre übernachtet haben, können Sie dort ein zweites Mal nächtigen und den Abhol- und Bringdienst des Hotels in Anspruch nehmen. Das geht nach vorheriger Absprache und kostet € 20.

Alternativ dazu haben Sie die Möglichkeit, mit dem Bus nach Ettelbrück (Linie 137) zurückzufahren, um dort zu übernachten.

Haben Sie ein Zelt dabei, können Sie auf der Wiese des Cafe Beim Annette kostenlos zelten.

An den Hinweistafeln vor dem Hotel du Moulin startet die 2. Etappe. Überqueren Sie die Straße beim Zebrastreifen und wenden Sie sich in Richtung ⛺ Camping du Moulin und wandern dann entlang des Mühlenkanals.

Dieser Wegabschnitt ist bei Hochwasser nicht passierbar. Stattdessen führt Sie dann ein Alternativweg vorbei an der Burg Burscheid über die Anhöhe der Fuusslee (☞ Variante bei Hochwasser S. 56).

Die Burscheider Mühle

Der jetzige Betreiber des Hotels du Moulin ist ein Nachfahre der Müller hier in Burscheidermühle. Noch sein Großvater hat in der Mühle Korn gemahlen. Später sorgte die Mühle für Strom, was sie bis heute tut. Das war in der Anfangszeit eine Notwendigkeit, denn erst 1966 wurde das Tal an das öffentliche Stromnetz angeschlossen. Heute ist es umgekehrt: Alles, was die Mühle an Strom erzeugt, wird eingespeist.

Am Ende des Campingplatzes sehen Sie eine Fußgängerbrücke über die Sauer.

Über die Brücke erreichen Sie die Hotels Cocoon Hotel La Rive und Cocoon Hotel Belair.

Der Mühlenkanal führt Sie ans Sauerufer. Der Fluss liegt ruhig und breit vor Ihnen, Wasservögel fühlen sich hier wohl. Überragt von hoch bewaldeten Hängen leitet Sie der schmale Uferpfad ❶ unterhalb der Fuusslee, auf der die Burscheider Burg errichtet wurde, durch das Tal.

Bei feuchter Witterung ist die Wanderung hier unter Umständen extrem schwierig, da der Uferpfad schmal und felsig ist und sehr rutschig werden kann.

Nachdem Sie die Bahngleise bei km 1 über die Fußgängerbrücke überquert haben, biegt der Trail bald nach links ab, wo Sie eine deutliche Steigung bewältigen müssen. Am Ende der Steigung wartet eine Erholungsbank auf Sie (km 2,1).

☺ Falls Sie die Variante gewählt haben, treffen Sie hier wieder auf den regulären Wanderweg.

Die Fischeiderlee erhebt sich über der Sauer. An ihrer Flanke wandern Sie über eine zum Teil schmale und ausgesetzte Wegspur, die wunderbare

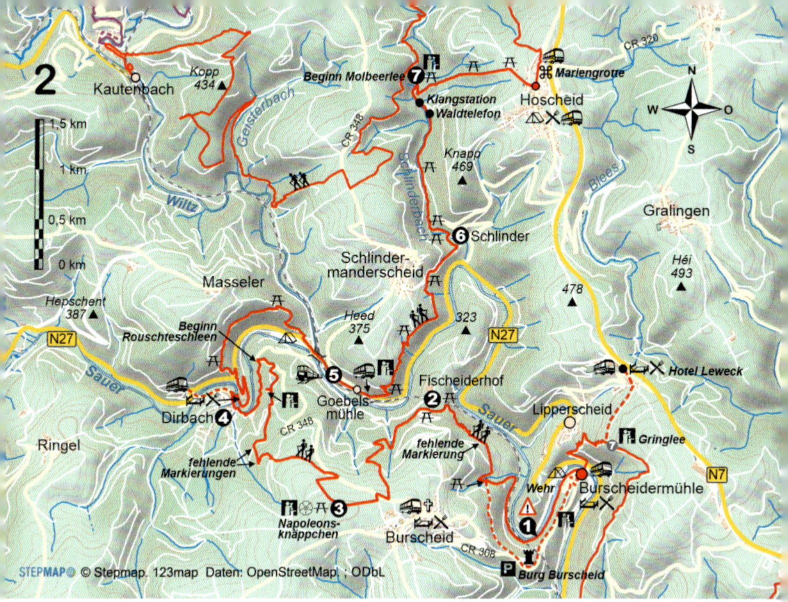

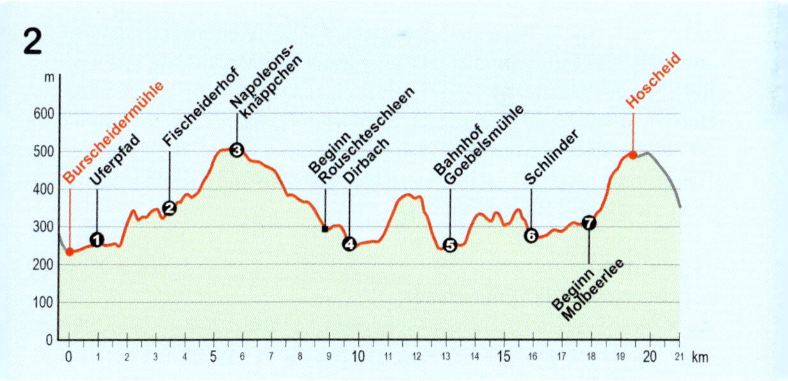

Tiefblicke ermöglicht und Trittsicherheit erfordert. Beim grünen Drängelgitter erreichen Sie den Waldrand und sehen rechter Hand hinüber zum Fischeiderhof (Lë: Féischterhaff). Am Waldrand gehen Sie bis zur Landstraße, wo Sie eine Bank finden ❷.

Auf der gegenüberliegenden Straßenseite geht es auf einem grasbewachsenen Feldweg weiter. Die gut zu findende Wegmarkierung führt Sie von hier aus zwischen Wiesen, dann durch den Wald in Kehren bergauf. Schließlich erreichen Sie die mit Weiden bestandene Hochfläche von Burscheid und dort bei km 5,2 die Landstraße zwischen Burscheid und Dirbach. Gehen Sie entlang des Fahrbahnrands nach rechts.

Achtung, der Verkehr kann recht stark sein.

Auf der anderen Fahrbahnseite sehen Sie eine Trafostation vor sich. An deren Ende überqueren Sie die Fahrbahn und laufen in den geteerten Feldweg hinein, der hier abzweigt.

Ein Schild mit der bekannten Markierung ist zwar angebracht, jedoch erst dann zu sehen, wenn Sie daran schon vorbeigewandert sind. Auch am nächsten Abzweig fehlt eine sichtbare Wegmarkierung. Laufen Sie an der Trafostation entlang und an ihrem Ende nach rechts. Sie sehen dann schon den Aussichtspunkt Napoleonsknäppchen vor sich.

Falls Sie in Burscheid übernachten oder essen möchten, gehen Sie am Ende der Trafostation weiter geradeaus, der Markierung „Autopédestre“ (blauer Pfeil auf weißem Grund) folgend, bis Sie die Hauptstraße von Burscheid erreichen. Dort biegen Sie nach rechts ab. Nach insgesamt etwa 500 m erreichen Sie das Hotel-Restaurant St Fiacre. Biegen Sie an der Hauptstraße hingegen nach links ab und gehen bis zur Kirche, dann erreichen Sie die Bushaltestelle.

Burscheid

(Lë: Buerschent, Fr: Bourscheid)

Hotel-Restaurant St Fiacre, 4, Groussgaass, L-9140 Burscheid, 003 52/99 00 23, www.st-fiacre.lu/de, info@st-fiacre.lu, EZ ab € 99, DZ ab € 130, 15.03.-15.11., Restaurant Di-Sa 18:00-20:30, So 12:00-14:00, Lunchpaket, . Es gibt zurzeit am Ende der Etappe in Hoscheid kein Hotel o. Ä. für die Übernachtung, das Hotel St Fiacre bietet Ihnen jedoch nach vorhergehender Absprache einen Abhol- und Bringdienst von und nach Hoscheid an, Kosten € 20. Hunde unerwünscht

Michelskirche

Bus 134 (Ettelbrück)

Auf dem Wanderweg erreichen Sie als Nächstes bei km 5,7 den Aussichtspunkt Napoleonsknäppchen ❸. Dies ist zudem der höchste Punkt der Wanderung.

Das Napoleonsknäppchen und der Napoleonsbaum

Das Napoleonsknäppchen ist der höchste Punkt auf Ihrer Wanderung auf dem Lee Trail. Mit 505 m über dem Meeresspiegel und dem Aussichtspodest zusätzlich haben Sie freie Rundumsicht. Bei klarem Wetter können Sie nach Norden weit in die Ardennen und über die Landesgrenze hinweg sehen. Nach Süden hin fällt das Land sanft ab. Während der Luxemburger Norden durch die Ardennen – den Éislek oder zu Deutsch Ösling – geprägt ist, befindet sich im Süden das sogenannte Gutland. Gutland bezeichnet die etwa 68 % des Landes, die häufig ausgedehnte Ebenen und ertragreiche Böden aufweisen.

Am Napoleonsknäppchen

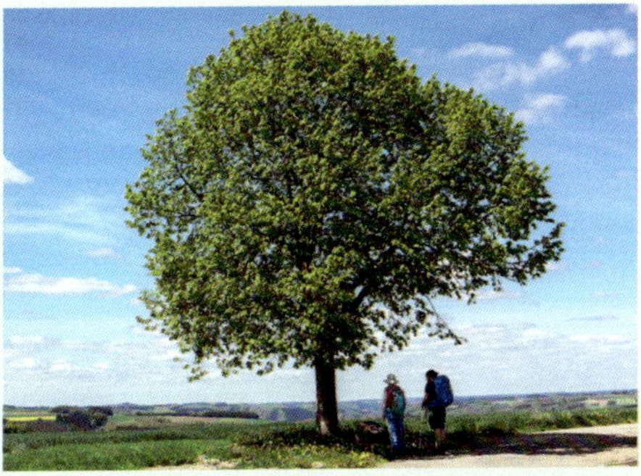

Haben Sie die Aussicht genossen? Dann schauen Sie noch einmal kurz hinunter zu dem markanten Baum neben dem Aussichtspunkt. Dies ist der Napoleonsbaum. Er wurde ursprünglich im Jahr 1811 gepflanzt und man erwies damit dem damaligen Machthaber Napoleon Bonaparte die Ehre, als dessen Sohn Napoleon II. geboren wurde. Während der deutschen Besatzung im Zweiten Weltkrieg wurde der Baum aus strategischen Gründen von deutschen Soldaten gefällt, jedoch wurde – als Akt zivilen Ungehorsams – heimlich von der Bevölkerung ein neuer wieder nachgepflanzt.

Kurz hinter dem Aussichtspunkt führt Sie die nun wieder gute Wegmarkierung einen schotterigen Feldweg hinab. Ein paar Schritte laufen Sie bei km 6,3 im Bankett der Landstraße bergab, um nach wenigen Schritten links in den geteerten Feldweg einzubiegen. Nach wie vor bietet sich Ihnen ein erhabener Ausblick über die Anhöhen der Ardennen. Bald erreichen Sie den Waldrand, wo Sie eine wenig befahrene Straße queren. Dahinter sehen Sie eine Rodung.

Hier fehlt die Markierung. Gehen Sie auf die Rodung zu und dann leicht nach rechts entlang des undeutlichen Wanderweges. In kurzer Entfernung ist hier schon die nächste Markierung auszumachen.

Weiter geht es bergab auf einem Waldweg, um eine weitere Rodung zu erreichen.

Auch hier hat man die markierten Bäume gefällt, sodass Sie sich an der Landschaft orientieren müssen: Zunächst folgen Sie dem breiten Forstweg bergab, bis Sie eine deutliche Rechtskehre erreichen. Folgen Sie dieser. Ab hier wandern Sie immer geradeaus, um bei km 7,7 wieder in den Wald einzutauchen. Ab hier ist die Markierung zuverlässig und der lockere Lohwald spendet Schatten.

Der breite, ein wenig ramponierte Forstweg geht nach einer Dreierkreuzung und dann einer Viererkreuzung in einen angenehm schmalen Waldpfad über.

Aussichtspunkt mit Blick auf Dirbach

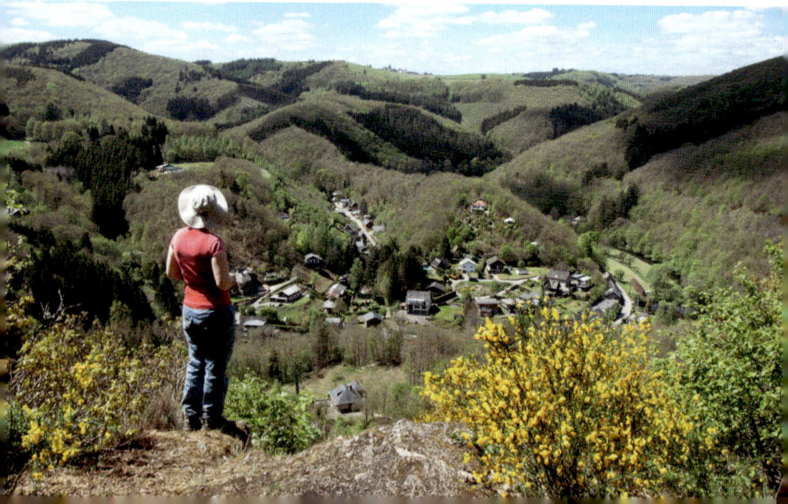

Aussichtspunkt mit Blick auf Dirbach (km 8,1)

Sobald Sie der Waldpfad zur Landstraße geführt hat, laufen Sie dort hinter der Leitplanke entlang. Es dauert jedoch nicht lange und Sie erreichen den Einstieg zu einem Felsweg über die Rouschteschleen.

Der Pfad ist sehr schmal, das Gelände längs des Weges oft abschüssig. Es besteht Absturzgefahr! An gefährlichen Stellen ist der Weg mit einem Geländer versichert.

Sie wandern vorbei an einer Felsformation (km 9,1), die „Le doigt de Dieu" (Finger Gottes) genannt wird. Ab nun erwarten Sie Serpentinen, die Sie auf dem schmalen, ein wenig schwierigen Weg rasch ins Tal und in den Ort Dirbach ❹ führen.

Dirbach

(Lë: Dierbech, Fr: Dirbach)

Hotel-Restaurant Dirbach Plage, Dirbach Plage, L-9153 Dirbach, 003 52/26 95 92 39, dirbach.eu, info@dirbach.eu, in der Woche ÜF im DZ ab € 66, Chalet bis 4 Pers. € 316 (mind. 2 Nächte), Ende März bis Ende Okt, Restaurant tägl. 12:00-16:00 und 18:00-20:00, Lunchpaket auf Vorbestellung am Tag vorher, Außerhausverkauf von Eis am Stiel, Abholservice für die nähere Umgebung, Gepäckdienst möglich, Hunde willkommen, jedoch nicht im Restaurant, bitte anleinen, Übernachtung im Hotel € 10, im Chalet € 5

Bus 147, Mo-Sa stündl., nach Goebelsmühle

Hier wenden Sie sich nach rechts, gehen bis zum P Parkplatz und dort über die Sauerbrücke.

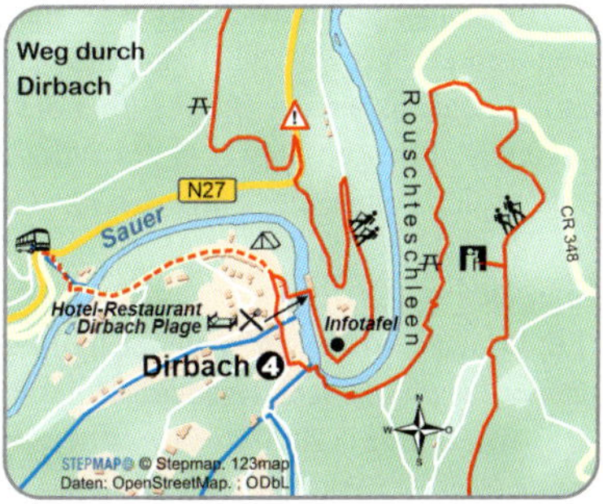

Um zur Bushaltestelle zu gelangen, folgen Sie der Straße weiter, bis Sie die Autobrücke über die Sauer erreichen. Auf der anderen Uferseite beginnt nach ein paar Metern auf der rechten Seite ein schmaler Fußpfad, der Sie steil bergauf bringt und an der Landstraße zwischen Goebelsmühle und Bockholtzermühle (Lë: Boukelsermillen) mündet. Hier finden Sie die Bushaltestelle.

Die Fußgängerbrücke über die Sauer endet auf der Terrasse des Hotels Dirbach Plage (km 9,9). Über die Terrasse und weiter entlang des gut markierten Wanderweges sind nun das Sauerufer und schroffe Felswände Ihre Begleiter. Sie laufen auf der Innenseite des Flussmäanders, passieren die Überreste eines alten Bewässerungssystems bei km 10 und eine Bank bei km 10,3. Kurz darauf gewinnen Sie wieder an Höhe, es geht in Kehren steil den Berg hinauf. Nach 500 m erreichen Sie die Landstraße.

Autofahrer sehen Sie hier erst sehr spät, da die Straße unübersichtlich und kurvig ist. Gehen Sie zunächst etwa 100 m am Fahrbahnrand bergauf, überqueren Sie dann die Straße in aller Vorsicht und verlassen Sie sie, indem Sie auf die Treckerspur zu Ihrer Linken abbiegen.

Der folgende Wegabschnitt ist gut beschildert und die Wegführung wird Ihnen keine Mühe bereiten. Zunächst wandern Sie noch weiter bergauf, dann auf gleichbleibender Höhe auf einem schönen, recht schmalen Waldpfad.

Bänke finden Sie bei km 11,1 und bei km 12,1.

Sie verlassen den niedrigen Eichenwald nahe dem Zusammenfluss von Wiltz und Sauer. Dort treffen Sie zunächst auf die Landstraße zwischen Goebelsmühle und Dirbach, die Sie überqueren.

Auf der gegenüberliegenden Straßenseite empfängt Sie ein breiter Gehweg und auch die Zufahrt zum Camping du Nord Goebelsmühle. Sie laufen zunächst an der Brücke über die Sauer vorbei. Lassen Sie diese links liegen. Stattdessen liegt nun die Wiltz vor Ihnen, die Sie überqueren.

Vor sich sehen Sie schon den Ort Goebelsmühle.

Goebelsmühle WC

(Lë: Giewelsmillen, Fr: Goebelsmuhle)

Camping du Nord Goebelsmühle, 14, Rue de la Gare, L-9153 Dirbach, 00 31/313 20 20 80, www.campingdunord.lu/de, info@campingdunord.lu, Pods für 2 Pers. ab € 110, Preise fürs Zelten erfragen, April-Nov

WC Toilette am Bahnhof
Honig bei Frau Thill-Reding, 1, Rue de la Gare, L-9153 Goebelsmühle, ☏ 003 52/99 06 48, bitte klingeln, meist ist nachmittags jemand zu Hause
Bus 136 (☞ Ettelbrück)
Nahverkehrszug und IC (☞ Ettelbrück)

Goebelsmühle ist ein Straßendorf am Fuße der Heed, einer Erhebung von 375 m Höhe. Die Heed und das gegenüberliegende Burscheider Plateau zwängen die Sauer hier in einen langen Bogen. Das Ufer lässt es gerade zu, eine Straße, die Bahnlinie und eine Reihe Häuser unterzubringen. Diese schmiegen sich in die Böschung, ebenso wie die Gärten, die die Häuser umgeben.

Während Sie den Ort durchschreiten, passieren Sie den Bahnhof ❺, eine Imkerin, bei der Sie leckeren Honig bekommen, und die Bushaltestelle „Op der Gaffel“.

Hier müssen Sie die einmündende Straße von Schlindermanderscheid queren.

Weiter geht es für 50 m am Straßenrand entlang, dann finden Sie einen steilen Fußpfad, der Sie entlang der Flanke der Heed durch Ginster und Lohhecke bis nach Schlinder ❻ leitet. Dabei finden Sie in kurzen Abständen mehrere Bänke, eine besonders schöne Aussichtsbank bei km 14,1.

Schlinder

(Lë: Schlënner)

hübsche Picknickbank direkt an der Brücke über den Schlinderbach

Der Postkutscher von Schlinder

Über Schlinder erzählt man sich eine sonderbare Geschichte: Vor gut 100 Jahren lebte hier ein Postkutscher namens Jos, der Tag für Tag gewissenhaft seiner Arbeit nachging. Allerdings ging eines Tages dennoch ein Brief verloren, ein wichtiger Brief. Da kam das Gerücht auf, Jos hätte diesen Brief gestohlen, er wurde dafür angeklagt. Keine Woche später war Jos tot. Vielleicht aus Gram? Vielleicht war es Selbstmord? Keiner wusste es. Auf der Suche nach Indizien stieß man auf eine Kiste und vermutete darin den verschwundenen Brief. Doch so sehr sich auch alle bemühten, niemandem ist es bisher gelungen, diese Kiste zu öffnen.

Sie erreichen den Schlinderbach und folgen der zuverlässigen Markierung bachaufwärts.

☺ Hier entdecken Sie Klangstationen, nämlich ein Waldtelefon und ein Bachlauschgerät (km 17,5 und 17,7).

Das Schlindertal verlassen Sie bei km 17,9. Hier finden Sie den Wegweiser „Molbeerlee" ❼ und eine Infotafel zur Fauna und Flora derselben. Ein fast schon alpiner Saumpfad schwingt sich nun empor. Immer entlang des Bergrückens erwartet Sie eine der schönsten Gratwanderungen dieses Trails, mit Blick ins Schlindertal und in knorrigen Eichenwald.

Bank mit herrlichem Ausblick (km 18,2)

Auf der Molbeerlee

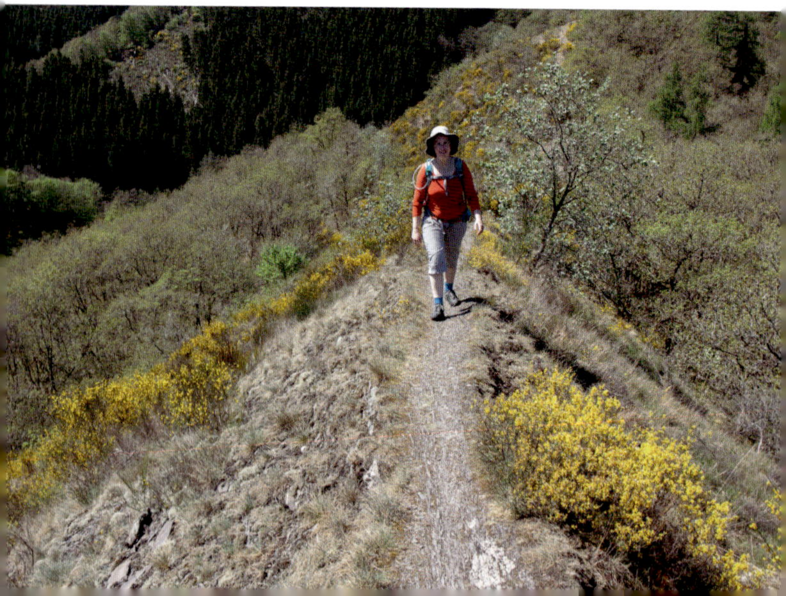

Der Pfad geht in einen heckengesäumten nun asphaltierten Feldweg über. Sie steigen weiter auf. Bald weicht der Wald zu beiden Seiten und Sie erreichen die Hochebene von Hoscheid. Schließlich endet der Feldweg auf einer Straße, die Sie nach rechts in das Dorf führt. Gehen Sie von hier aus geradeaus.

Bei km 19,4 endet die Etappe. Hier haben Sie die Hauptstraße von Hoscheid erreicht.

Hoscheid

(Lë: Houschent, Fr: Hoscheid)

In Hoscheid gibt es keine Übernachtungsmöglichkeit mehr, da das Hotel des Ardennes dauerhaft geschlossen hat. Wenn Sie in Burscheid im Hotel St. Fiacre übernachtet haben, können Sie dort ein zweites Mal nächtigen und den Abhol- und Bringdienst des Hotels in Anspruch nehmen (☞ Seite 46). Ansonsten erreichen Sie Burscheid und Ettelbrück mit dem Bus (☞ Infos Bus).

Haben Sie ein Zelt dabei, können Sie auf der Wiese vom Cafe Beim Annette kostenlos zelten.

Cafe Beim Annette, 11, Haaptstroos, L-9376 Hoscheid, ☏ 003 52/99 02 87, Zitat: „Wir haben immer auf, bis Mitternacht", es gibt Kleinigkeiten zu essen, auf der Wiese darf kostenlos gezeltet werden.

Pfarrkirche von Hoscheid, geweiht den heiligen Schutzengeln

Bus 137 (☞ Ettelbrück) nach Ettelbrück; zum Hotel St. Fiacre in Burscheid: Linie 137 von Hoscheid, Haltestelle „Kreizgaass", nach Ettelbrück, Haltestelle „Gare Routiere", und von dort Linie 134 nach Burscheid, Haltestelle „Bei Meesch".

Hoscheid, ehemaliger Hauptort der gleichnamigen Gemeinde, schloss sich 2012 mit einigen umliegenden Orten zur Gemeinde Parc Hosingen zusammen.

Das äußerlich unscheinbare Dorf bietet seit 2001 mit dem 6 km langen Klangwanderweg eine besondere Art, die Natur der Umgebung zu erleben und mit ihr in musikalischen Dialog zu treten.

Im Cafe Beim Anette am südlichen Ortsrand können Sie sich kostenlos den Klangrucksack ausleihen, in dem sich Utensilien wie Schlaghölzer finden, die bei bestimmten Stationen des Rundweges zum Einsatz kommen.

↳ 2. Etappe: Variante bei Hochwasser

19,8 km, 7 Std., ↑ 1.052 m, ↓ 797 m, ⇧ 229-505 m

0,0 km	⇧ 231 m	Burscheidermühle
1,6 km	⇧ 350 m	Burg Burscheid ⌘
3,8 km	⇧ 320 m	Fischeiderhof
5,6 km	⇧ 496 m	Abzweig nach ↳ Burscheid (400 m)
6,1 km	⇧ 505 m	Napoleonsknäppchen
10,1 km	⇧ 250 m	Dirbach
13,6 km	⇧ 245 m	Goebelsmühle WC
16,3 km	⇧ 268 m	Schlinder
19,8 km	⇧ 486 m	Hoscheid ⌘

Sollten Sie bei Hochwasser unterwegs sein, dann ist es keine Frage: Sie statten der Burg Burscheid einen Besuch ab. Auch wenn Sie keine Besichtigung der Burganlage und des archäologischen Museums planen, so liegt das eindrucksvolle Gemäuer dennoch direkt an Ihrem Weg. Schwindelfrei sollten Sie zudem sein: Im Tausch für die idyllische Flusswanderung der Hauptroute können Sie sich auf ein paar sehr schöne Aussichtspunkte freuen.

Wie bei der regulären 2. Etappe starten Sie am Wanderschild in Burscheidermühle. Hier finden Sie auch ein Schild mit einer Skizze der Variante. Das Hotel du Moulin im Rücken gehen Sie zunächst entlang der Fahrbahn die Straße hinauf.

Gleich zu Beginn fehlt hier die gewohnte Markierung. Schon nach 100 m finden Sie jedoch wieder zuverlässige Wegmarken.

Nicht lange und Sie verlassen den Fahrbahnrand, um auf schmalen Fußpfaden bergauf zu steigen. Bei km 0,3 treffen Sie wieder auf die Straße, wechseln die Fahrbahnseite und tauchen erneut auf dem Pfad in lichten Eichenwald ein. Sie haben nun schon erheblich an Höhe gewonnen.

Aussichtspunkt Enescht Fuusslee. Mit einem Geländer gesichert schauen Sie auf Burscheid-Plage und die Sauer (km 0,6).

Nach weiteren 100 m gelangen Sie wiederum zur Straße und laufen dort für 300 m im gepflasterten Bankett weiter bergauf. An einer Picknickbank und kurz darauf einem Hinweisschild zu einem weiteren Aussichtspunkt laufen Sie noch vorbei, bevor Sie ein weiteres Mal die Straße überqueren.

Achtung! Die Straße ist besonders kurvig und unübersichtlich. Der Verkehr kann zudem recht stark sein. Seien Sie bitte vorsichtig.

Sobald Sie die andere Seite erreicht haben, laufen Sie weiter entlang der Straße, dieses Mal auf einem Trampelpfad. Vor Ihnen taucht Burg Burscheid auf. Am Parkplatz finden Sie einen Fußgängerüberweg, auf dem Sie erneut die Straßenseite wechseln. Während rechts der Zugang zur Burg liegt, führt Sie der weitere Wanderweg nach links.

Burg Burscheid

Von Weitem schon haben Sie die Burg von Burscheid auf ihrem Felssporn 150 m über der Sauer sehen können. Nun, direkt an Ihrem Weg, bekommen Sie einen Eindruck davon, wie mächtig dieses Bauwerk einmal gewesen sein mag. Denn Burg Burscheid ist Luxemburgs flächenmäßig größte Burganlage. Der Platz ist ideal. Schon bevor der erste Bauabschnitt dieser Fliehburg hier errichtet wurde, existierten an etwa gleicher Stelle hölzerne Befestigungsanlagen. Aus archäologischen Funden lässt sich schließen, dass bereits die Römer diesen Flecken kannten. Auch merowingische, karolingische und ottonische Spuren

Burg Burscheid

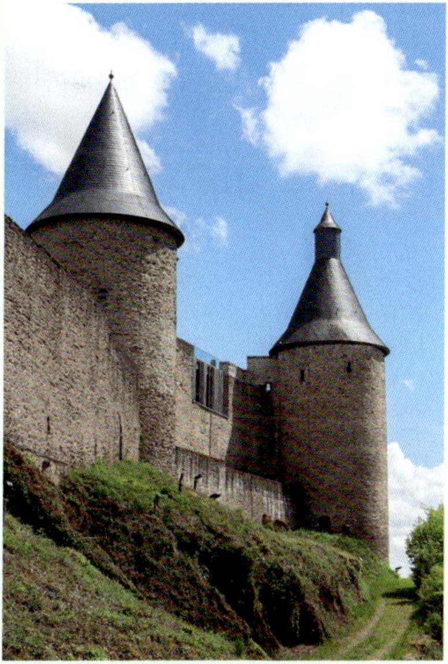

wurden identifiziert. Heute ist von der großen Steinburg nicht viel mehr als eine Ruine übrig, die durch den Luxemburger Staat nach und nach restauriert wird. ☺ Schauen Sie im archäologischen Museum in der Burganlage herein und informieren Sie sich über die wechselvolle Geschichte dieses Gemäuers.

♜ ⌘ ⛩ Burg Burscheid, Schlasswee, L-9140 Burscheid, ☏ 003 52/99 05 70, 💻 www.bourscheid.lu, www.associationchateaux.lu und www.castle-bourscheid.lu/wp5/de, ✉ chateau.bourscheid@pt.lu, 🚪 01.04.-15.10. tägl. 9:30-18:00 (letzter Einlass 17:30), 16.10.-31.03. tägl. 11:00-16:00 (letzter Einlass 15:30), Erwachsene € 5, Kinder € 3, kostenlose Audioführung, 🐕 Hunde an der Leine willkommen

Bis zur nächsten Weggabelung folgen Sie der Markierung. Dort entscheiden Sie sich für die rechte Abzweigung – ✋ auch hier ist ein Wegzeichen angebracht, es kann jedoch leicht übersehen werden. Dem unschwierigen Weg folgen Sie bis zur nächsten ⛩ Bank (km 2,5), wo Sie wieder auf die reguläre Etappe treffen.

☞ Folgen Sie ab hier weiter der Beschreibung der 2. Etappe des Lee Trail (Seite 46).

3. Etappe: Hoscheid – Kautenbach

➲ 15,5 km, ⌛ 5 Std., ↑ 630 m, ↓ 858 m, ⇧ 256-492 m

0,0 km	⇧ 486 m	Hoscheid ⛺ ✕ ☕ ✞ ⌘ 🚌
4,1 km	⇧ 327 m	Oberschlinder ✞ ⛩
11,6 km	⇧ 387 m	Abzweig ↳ zur Hockslee 🚻 ⛩ (100 m)
13,5 km	⇧ 469 m	Ueweschleed 🚻 ⛩
15,5 km	⇧ 257 m	Kautenbach 🛏 ⛺ ✕ ☕ WC 🏊 ✞ 🅿 🚌 🚆

In Hoscheid beginnen Sie die letzte Etappe des Lee Trail und in Kautenbach endet sie. Es kann sein, dass Sie auf diesem Weg keiner Menschenseele begegnen, denn die einzige Ortschaft auf Ihrer Wanderung ist das verlassene Dorf Oberschlinder. Hier, im verwunschenen Schlindertal, ist der Rennert zu Hause – die luxemburgische Version von Reineke Fuchs. Auch die Michelskapelle wartet hier auf Ihren Besuch, ehe Sie über das Fridbesch-Plateau zum Tal der Wiltz hinabsteigen. An gleich zwei Aussichtspunkten können Sie einen Blick auf das schöne Kautenbach werfen, das gewunden im Tal am Ufer der Klerf auf Sie wartet.

Starten Sie diese Etappe an der Straßenecke Geisseck/Haaptstrooss und laufen Sie auf dem Bürgersteig nach links die Hauptstraße entlang. Sie passieren eine Telefonzelle, die 🚌 Bushaltestelle und eine ⌘ Mariengrotte, bis nach 400 m links ein Fußweg in eine kleine Grünanlage abzweigt.

Die Wegmarkierung führt Sie von hier aus Hoscheid heraus und über Feldwege bis zum Plateaurand, wo Sie Fichtenwald und ein Abstieg über Serpentinen ins Tal des Lëtschbaachs erwarten.

☺ Auf dem gesamten Weg von Hoscheid bis ins Lëtschbaachtal finden Sie Klangstationen. Dies sind meistens Hörerfahrungen oder Musikinstrumente, die zum Ausprobieren einladen. An den meisten Klangstationen finden Sie außerdem schön gestaltete ⛼ Picknickplätze.

Wegimpression

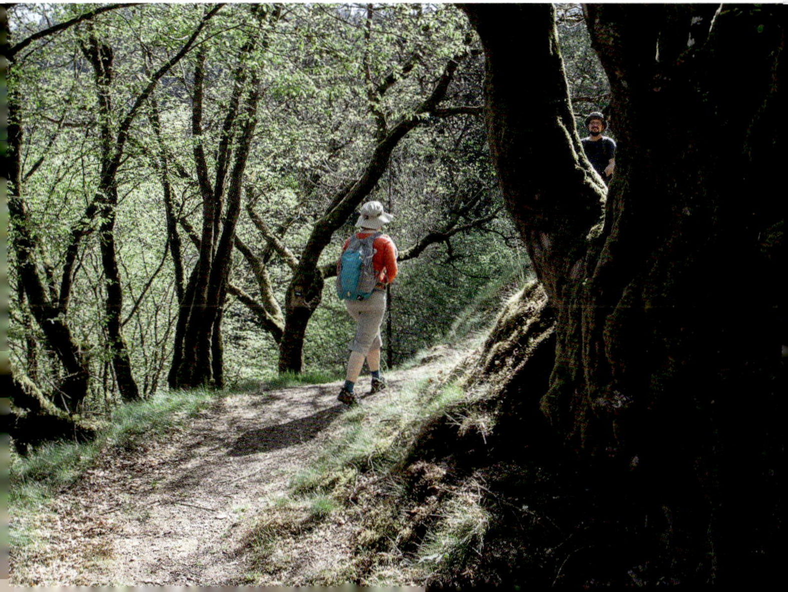

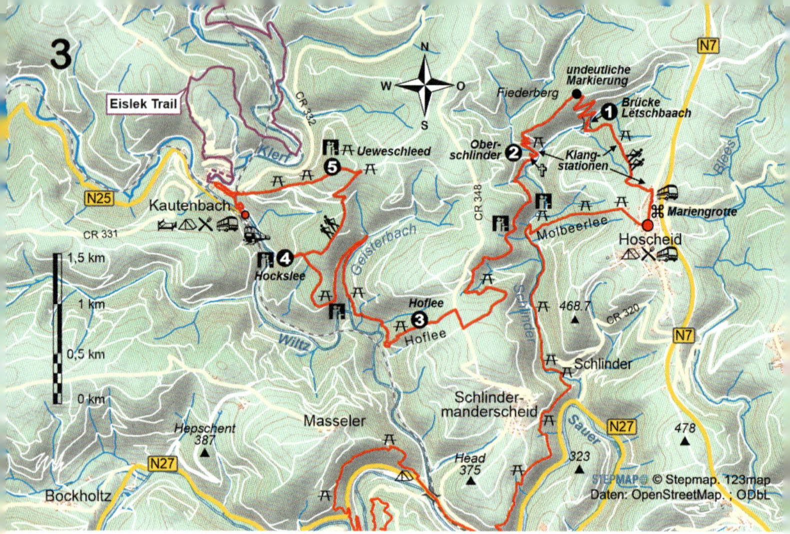

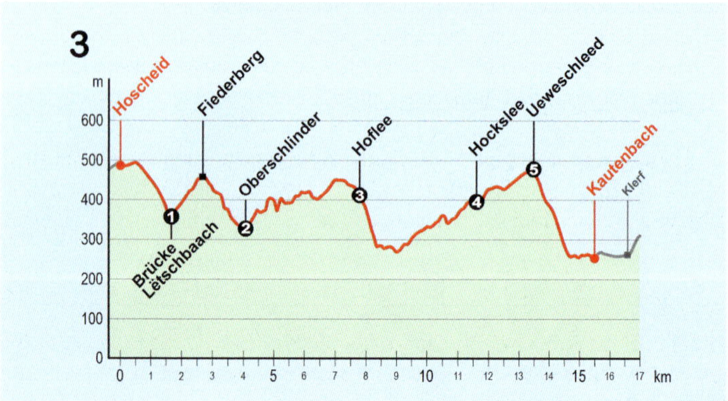

Sie erreichen den Lëtschbaach bei km 1,7, gehen über den Steg ❶ und – an der Bank vorbei – wenige Meter bis zum Rechtsknick auf den breiten Wanderweg. Dieser schwingt sich in fünfeinhalb Kehren an dieser Talseite empor. Sie überwinden so knapp 130 Höhenmeter und wandern am Ende des Serpentinenweges nach links (undeutliche Markierung) den Bergrücken des Fiederbergs wieder hinab. Die letzten Meter bis hinab ins

Tal verlaufen über eine schmale Trittspur, um Sie herum prägt herrlicher Lohwald das Bild. Eine ⛮ Bank finden Sie bei km 3,6.

Schon fast im Tal knickt der Weg nach links ab und Sie entdecken eine weitere Klangstation mit ⛮ Bank. Das idyllische Tal, in dem Sie sich nun befinden, war einmal der Ort Oberschlinder ❷ ✞ ⛮ (Lë: Uewerschlënner, Fr: Oberschlinder).

Oberschlinder

Am Ufer des Schlinderbachs existierten einmal zwei Dörfer, von denen nur noch das Dorf Unterschlinder, an dem Sie gestern vorbeigekommen sind, bewohnt ist. Oberschlinder hingegen, wo Sie sich nun befinden, ist mittlerweile unbewohnt. Kein Wunder, denn außer einem lehmigen Forstweg führt keine Straße in das Dorf. Zudem sind die Fertigkeiten, von denen die Menschen im Dorf früher lebten, heute nicht mehr gefragt. Außer von der Lohegewinnung – durch Waldarbeit oder Müllerei – lebten die Menschen in beiden Dörfern vom Kühehüten und Besenbinden. Es gab einen kleinen Steinbruch, in dem Schiefer gefördert wurde. Außerdem wurden hier Strohhülsen für Champagnerflaschen hergestellt. Mit der verschwundenen Lebensgrundlage verschwand dann auch die Dorfbevölkerung – größtenteils durch Auswanderung nach Amerika.

Sie folgen dem Weg und erreichen die wenigen noch vorhandenen Häuser und auch die Brücke über die Schlinder. Nach der Brücke macht die Wanderung einen kleinen Rechtsschlenker, um dann hinauf zur ✞ Kapelle zu führen (km 4,1).

Michelskapelle

Durch das Guckfenster können Sie in den Innenraum sehen. Die Kapelle, geweiht dem heiligen Michael und auch der heiligen Kunigunde von Luxemburg, gehört laut Katastereintrag den Bewohnerinnen und Bewohnern von Oberschlinder. Die gibt es jedoch nicht mehr. Daher ist unklar, wer sie momentan besitzt. Das ändert nichts daran, dass jedes Jahr in der schönen Kapelle in Oberschlinder eine Messe zu Ehren der heiligen Kunigunde gefeiert wird.

Diese war eine Tochter von Siegfried I. von Luxemburg, dem Erbauer der Lucilinburhuc auf dem Bockfelsen in der heutigen Stadt Luxemburg. Verheiratet war sie mit dem Bayernherzog Heinrich, an dessen Seite sie

1002 zur Kaiserin gekrönt wurde. Sie erkrankte jedoch bald, zog sich in ein Kloster zurück und führte von dort für ein Jahr die Regierungsgeschäfte, als ihr Mann 1024 starb. Vom Papst heiliggesprochen, findet sie nach wie vor große Verehrung in Luxemburg.

Noch eine Weile begleitet Sie zur Linken der Schlinderbach. Immer wieder bieten sich zauberhafte Blicke hinüber auf die Molbeerlee und auf Burg Burscheid, ein besonders schöner bei der Aussichtsbank (km 5,1).

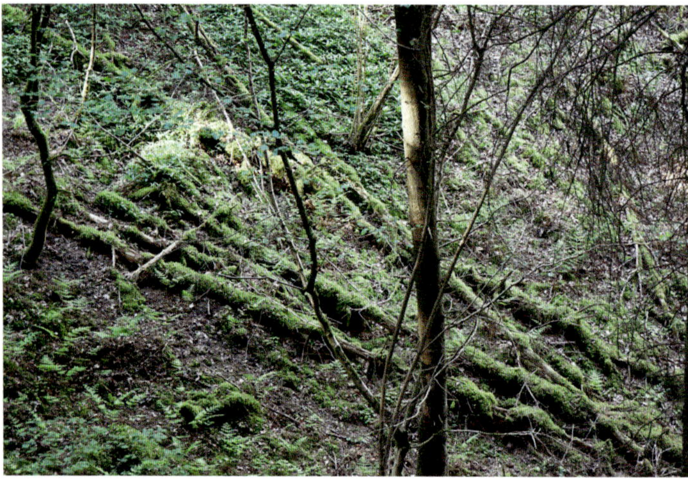

Meist sich selbst überlassen: der Luxemburger Wald

Dann wird der Wald verwunschener, der schmaler werdende Weg steigt noch einmal an und mündet in eine Kehre eines breiten Forstweges. Nach rechts führt Sie dieser bergauf zum Waldrand. Durch Felder wandern Sie bis zur Landstraße zwischen Schlindermanderscheid und Fridbesch.

Überqueren Sie die Fahrbahn äußerst vorsichtig! Autos fahren hier mit hoher Geschwindigkeit. Laufen Sie dann für 200 m nach rechts am Straßenrand entlang. Achten Sie bitte auch dabei auf den Verkehr!

Bei km 7,4 zweigt ein Feldweg von der Landstraße ab. Sie wandern über eine breite Treckerspur, die Hecken längs des Weges lassen immer wieder einen schönen Blick über die umliegenden Kuppen zu. Dann endet der Feldweg (km 7,8) und ein Saumpfad über den Rücken der Hoflee ❸ beginnt.

Trittsicherheit ist hier vonnöten. Bei feuchtem Wetter kann dieser Weg äußerst schwierig sein.

Vorbei an einer Bank (km 8) laufen Sie durch lichten Eichenwald. In vielen Kurven verliert der Weg schnell an Höhe. Oberhalb der Eisenbahnlinie trifft Ihr Pfad auf einen Wanderweg. Sie folgen der Markierung nach rechts durch das Wiltztal. Vor dem Zusammenfluss von Geisterbach und Wiltz biegen Sie nach rechts in das Geisterbachtal ein. Durch urwüchsige Natur folgen Sie dem Bachverlauf, queren diesen schließlich und wandern auf der anderen Talseite zurück bis zur Wiltz. Bei km 10,7 erreichen Sie eine Aussichtsbank mit Blick ins Wiltztal.

Der Trail verläuft nun durch Schluchtwald und Fichtenforst, schließlich durch eine Schonung mit jungen Fichten. Dann erreichen Sie bei km 11,5 eine deutliche Kreuzung von Forstwegen. Während der Lee Trail nach rechts verläuft, gehen Sie geradeaus auf den Aussichtspunkt Hockslee ❹. Folgen Sie dazu einfach der Beschilderung.

Die Hockslee

Auf der Hockslee haben Sie nicht nur einen wunderbaren Blick auf das Dorf Kautenbach vor Ihnen im Tal. Sie kommen hier außerdem mit einem Stück Vergangenheit in Kontakt. Bis vor zwei Generationen konnte man in den Ardennen nur mit Mühe Landwirtschaft betreiben. Für Dörfer im Tal galt das erst recht, denn dort lagen Gärten häufig im Talschatten und die Ernte war daher nur mäßig. So legten die Bauersleute meist eine Allmende auf dem Berg an. Die Allmende ist ein gemeinschaftliches Eigentum – hier ein Gemeinschaftsacker –, von dem alle Bewohnerinnen und Bewohner eines Dorfes profitierten, zu dem jedoch auch alle in etwa gleichem Maße beitragen mussten. Dort, auf dem Berg, wurde der dürre Silikatboden durch Plaggendüngung urbar gemacht.

Dafür wurden zuerst größere Flächen gerodet. Die Äcker wurden mit Mist gedüngt. Zusätzlich trug man von den anderen Flächen den Erdboden ab und verwendete ihn auf den künftigen Feldern.

In den Jahren darauf entwickelten sich auf den Brachen meist üppige Besenginsterheiden, die regelmäßig abgeerntet und als Streu für die Ställe verwendet wurden. Dies wiederum ergab neuen Dünger für die Felder. Der dürre Boden der Hockslee hat so den Bewohnerinnen und Bewohnern von Kautenbach das Leben ermöglicht.

Weiter auf dem Weg setzen Sie Ihre Wanderung durch den Wald fort. Schautafeln zur Natur ringsum versorgen Sie dabei immer wieder mit spannenden Informationen. Bei km 12,6 laufen Sie ein kurzes Stück entlang der Fahrbahn einer ruhigen Nebenstraße, um wenig später nach rechts in einen Saumpfad einzubiegen. Hiermit schneiden Sie ein Stück des Weges auf der Straße ab. Nach knapp 100 m mündet der Pfad wieder in die Straße. Dieser folgen Sie nach rechts, bis Sie die ⛩ Bank erreichen.

Gegenüber der Bank mündet ein Feldweg ein, der Sie bis fast nach Kautenbach führt.

⛩ Der Aussichtspunkt Ueweschleed ❺ wartet mit einem Turm auf. Darunter finden Sie einen überdachten Picknickplatz mit Feuerstelle (km 13,5).

Das Etappenziel vor Augen wandern Sie nun vom höchsten Punkt der Lee hinab. Bei schönem Wetter können Sie bei km 13,8 eine Rast einlegen und startenden Paragliderinnen und Paraglidern zusehen.

Dann trifft der Weg erneut auf die Nebenstraße. Auf der anderen Straßenseite zweigt eine Treckerspur ab, die nach wenigen Metern in einen schmalen Fußweg übergeht. Als Intermezzo erwartet Sie ein sehr steiles Wegstück, bevor Sie bei km 14,6 die Straße nach Kautenbach erreichen.

Direkt vor sich sehen Sie schon die ✝ Kirche von Kautenbach. Gegenüber der Kirche weist ein Verkehrsschild in Richtung des Bahnhofs.

✋ Bitte überqueren Sie die Straße an dieser Stelle vorsichtig.

☺ ↳ Am Ortseingang bei km 14,8 treffen der Lee Trail und der Eislek Trail aufeinander. Falls Sie auf dem Eislek Trail weiterwandern möchten, können Sie hier geradeaus weitergehen. ☞ Folgen Sie dann der weiteren Beschreibung der 1. Etappe des Eislek Trail.

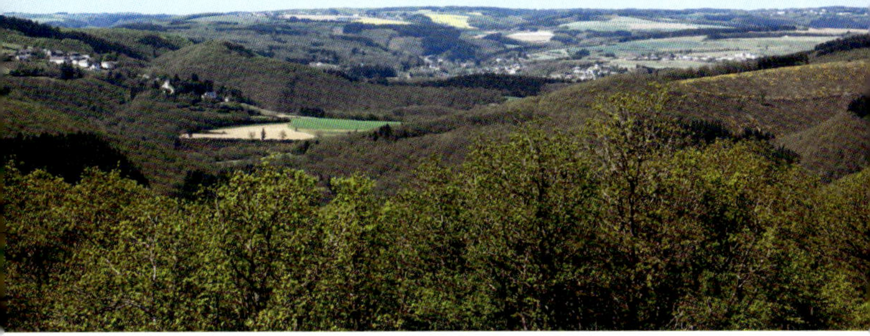

Landschaft bei Kautenbach

Neben dem Friedhof laufen Sie ein wenig bergab in die abzweigende Straße hinein. Dann geht es an einigen Häusern und einer Pferdekoppel vorbei. Schließlich fließt neben Ihnen die Wiltz.

Bei Hochwasser könnte es hier nasse Füße geben. Leider besteht keine Ausweichmöglichkeit.

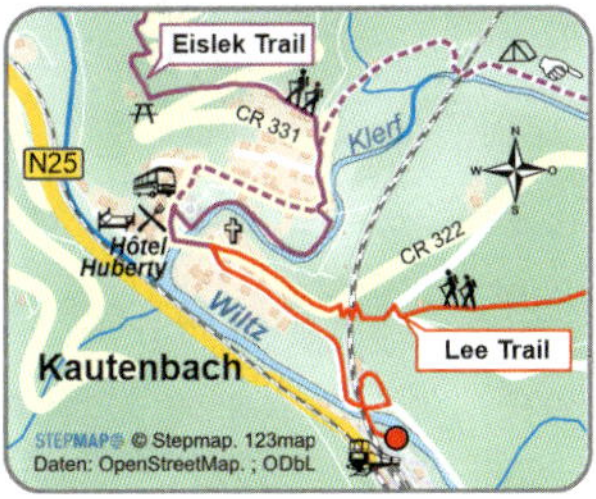

Die Bahnlinie kreuzen Sie, indem Sie durch die Unterführung laufen. Zur Linken biegen Sie in die Zufahrtsstraße zum Bahnhof ein. Auf dem Bahnhofsvorplatz am Wanderschild beenden Sie den Lee Trail.

Kautenbach

(Lë: Kautebaach, Fr: Kautenbach)

Hôtel Huberty, 3, Duerfstrooss, L-9663 Kautenbach, ☏ 003 52/95 85 51, www.hotelhuberty.com, info@hotelhuberty.com, ÜF im EZ ab € 60, im DZ ab € 47,50, ☺ bitte reservieren, ganzjährig geöffnet, Küche Mi-So 18:00-21:00, Snacks ab 10:00, Restaurant mit gutbürgerlicher Küche, auf Spezialernährung kann

Rücksicht genommen werden, dies bitte am Vortag anmelden, Lunchpaket auf Anfrage, auf Voranmeldung Gepäcktransport zum nächsten Etappenziel möglich, je nach Betrieb Abholung aus der näheren Umgebung möglich, einzelne Hunde in der Gaststube willkommen, Übernachtung mit Hund bitte am Vortag anmelden, Übernachtung € 7,50

Camping Kautenbach, An der Weierbaach, L-9663 Kautenbach, 003 52/95 03 03, www.campingkautenbach.lu, info@campingkautenbach.lu, Wanderhütten ab € 50 pro Nacht, in der Hochsaison mindestens 4 Nächte, Preise fürs Zelten erfragen, Februar bis November, Café und Restaurant variierende Öffnungszeiten, Do geschlossen, Frühstück und Lunchpaket auf Vorbestellung, Lebensmittelangebot im Campingshop, Abholung vom Bahnhof Kautenbach auf Anfrage, Hunde willkommen

WC Toilette am Bahnhof

P kostenloser Parkplatz am Bahnhof

Bus 153 nach Hosingen und 146 nach Wiltz

Nahverkehrszug und IC (Ettelbrück)

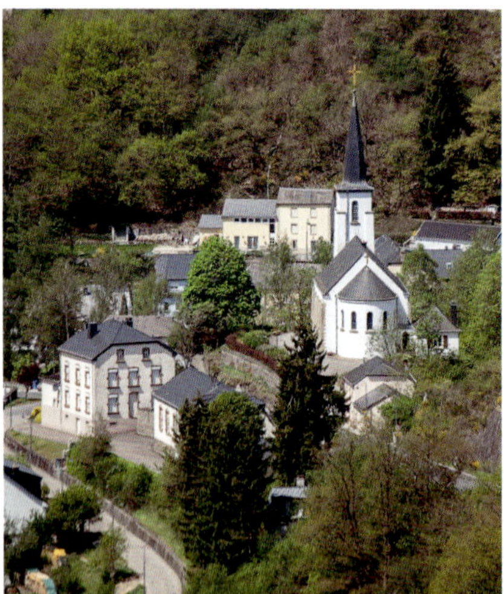

Kautenbach

Der Ausbau der luxemburgischen Eisenbahnlinien Ende des 19. Jh. verhalf Kautenbach, in dessen Zentrum die Wiltz und Klerf zusammenlaufen, zu einer besonders guten Anbindung. Das macht den malerischen Ort noch heute zu einem beliebten Ausflugsziel und zum Startpunkt für zahlreiche Wanderungen. Radwege verbinden den Ort unter anderem mit Wilwerwiltz, mit dem sich Kautenbach 2006 zusammenschloss, um die Gemeinde Kiischpelt zu gründen.

Eislek Trail

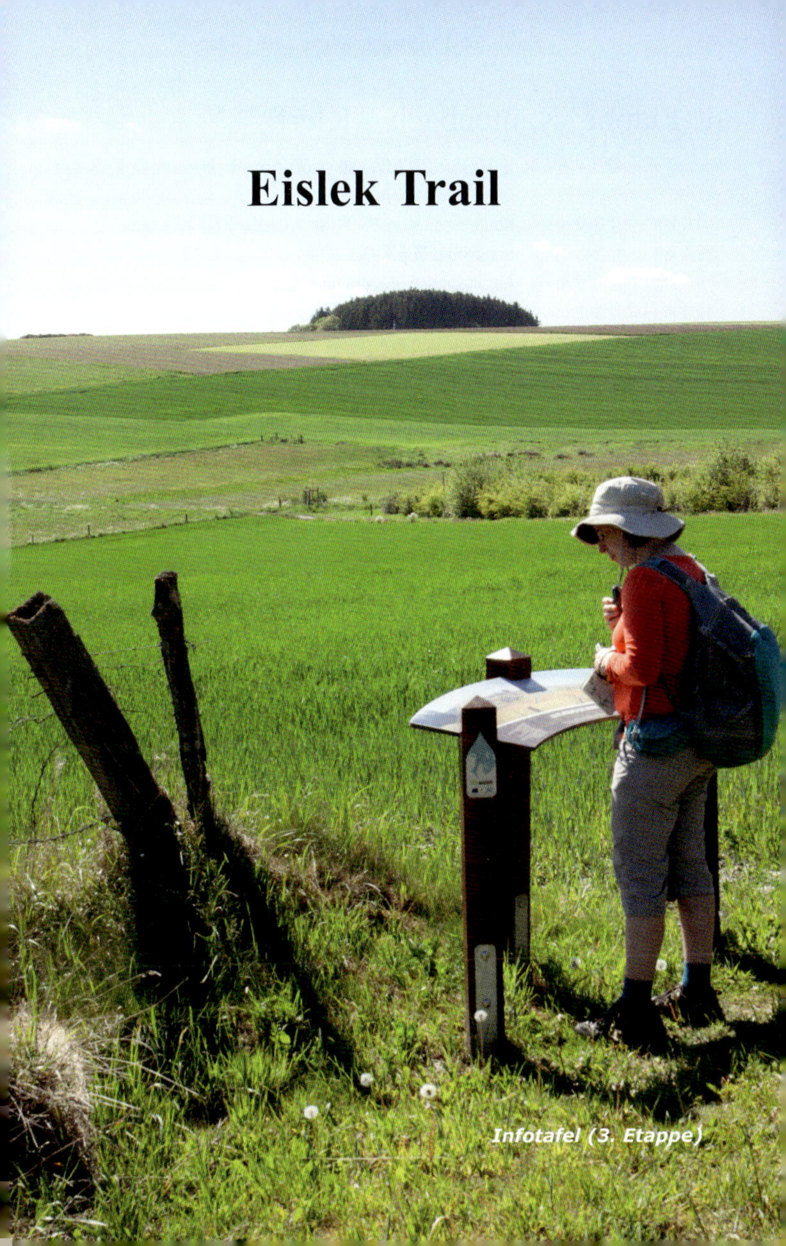

Infotafel (3. Etappe)

1. Etappe: Kautenbach – Klerf

24,6 km, 8 Std. 30 Min., 1.052 m, 905 m, 253-472 m

0,0 km	257 m	Kautenbach WC
6,1 km	345 m	Schüttburg
9,7 km	308 m	Abzweig nach Lellingen (500 m)
12,1 km	306 m	Wilwerwiltz
14,3 km	305 m	Enscheringen
18,1 km	321 m	Abzweig nach Drauffelt (150 m)
24,3 km	417 m	Reuler
24,6 km	407 m	Abzweig nach Klerf WC BANK (ca. 500 m)

Am Ufer der Klerf in Kautenbach beginnen Sie den Eislek Trail. Der schöne Fluss ist nicht nur Ihr steter Begleiter auf dieser Etappe, sondern auch der Architekt dieses Teils der Ardennen. Ist die Landschaft bei Kautenbach noch wild und sind die Täler dort tief eingeschnitten, so wird das Land langsam sanfter und die Landschaft offener. Daher können Sie sich, nachdem Sie gleich zu Beginn der Tour die größten Höhenunterschiede überwunden haben, auf kleine Dörfchen, liebliche Flusstäler, ganz viel Lohhecke und jede Menge herrlicher Ausblicke auf eine immer abwechslungsreiche Landschaft freuen.

Gegen Ende der Etappe haben Sie dann noch die Wahl, ob Sie lieber den Blick auf die Abtei Klerf genießen möchten oder die Variante zum Freilichtmuseum in Munshausen nehmen. Und das Beste kommt zum Schluss: nämlich das malerische Städtchen Klerf, in dem Sie es sich nach vollbrachter Tat gut gehen lassen können.

Beginnen Sie die erste Etappe des Eislek Trail am Bahnhof in Kautenbach (hier WC). Dort finden Sie auf dem Vorplatz ein Wanderschild und auch die erste Markierung „weiße Welle auf blauem Grund". Wie schon beim Lee Trail bietet sie Ihnen Orientierung auf dem Weg. Auch der Eislek Trail ist in kurzen Abständen und durchweg zuverlässig markiert. Sie folgen zunächst dem Zuweg des Parkplatzes in einer Schleife hinab zum Ufer der Wiltz und gehen durch die Unterführung in Richtung des Dorfes.

Bei Hochwasser könnte es hier nasse Füße geben. Leider besteht keine Ausweichmöglichkeit.

Bald erreichen Sie die ersten Häuser und sehen die Kirche vor sich. Dort mündet Ihr Weg in die Hauptstraße.

Seien Sie bitte vorsichtig beim Überqueren der Straße.

Biegen Sie hier nach links ab. Nach etwa 50 m überqueren Sie die Klerf und wenden sich nach rechts in den Ort. Vorbei am Hôtel Huberty gehen Sie zum großen Parkplatz (), überqueren diesen in Richtung Klerf und wandern links am Ufer weiter.

Bei Hochwasser gehen Sie anstatt zum Ufer der Klerf auf der Dorfstraße (Duerfstrooss) weiter und treffen bei km 1,1 wieder auf den normalen Weg.

Bei km 1,1 erreichen Sie wieder die Dorfstraße. Bei nächster Gelegenheit werden Sie in eine sehr steile, jedoch ruhige Straße bergauf geführt. Dies ist die ehemalige Viehtriebstrecke zu den Weiden oberhalb Kautenbachs.

Falls Sie auf schnellstem Weg zum Campingplatz gelangen möchten, bleiben Sie auf der Dorfstraße, bis Sie nach etwa 120 m eine Kehre nach links erreichen. Hier zweigt nach rechts die Zufahrtsstraße zum Campingplatz ab. Dem Straßenverlauf folgend kommen Sie nach weiteren 600 m beim Campingplatz an.

Bei Ihrem Weg bergauf kreuzen Sie mehrmals die Landstraße, die hier in Serpentinen verläuft.

Da diese Strecke gerade bei Motorradfahrerinnen und Motorradfahrern sehr beliebt ist, müssen Sie mit einigem Verkehr rechnen. Überqueren Sie die Fahrbahn bei km 1,1 und km 1,4 daher bitte in aller Vorsicht.

Schließlich verläuft ein immer noch recht steiler Trampelpfad längs der Serpentinenstraße durch dichtes Gebüsch. Bei km 1,5 können Sie auf einer ⛬ Bank verschnaufen, bevor es weiter bergauf geht. Sie erreichen eine letzte Serpentine (km 1,8), gehen vor der Leitplanke am Straßenrand bergauf (☝) und am Ende der Kehre wieder nach links auf einem Pfad von der Straße weg. Erneut geht es steil hinauf. Weitere ⛬ Bänke folgen in kurzen Abständen. Die größte Steigung ist bei km 2,2 überwunden. Sie erreichen hier die Landstraße zwischen Kautenbach und Alscheid (Lë: Alschent).

☝ Hier wurde die Fahrbahn erneuert. Dabei sind leider die folgenden Wegzeichen verschwunden, sodass Sie sich an der Landschaft orientieren müssen. Gehen Sie an der Funkanlage weiter bergauf nach links am Fahrbahnrand entlang.

☝ Die Straße ist unübersichtlich und viel befahren. Geben Sie daher acht!

Nach 300 m finden Sie wieder eine erste Markierung: einen Holzpfeil, der Ihnen den Weg über die Straße und in einen abzweigenden Wirtschaftsweg weist.

☝ Vorsicht beim Überqueren der Fahrbahn.

Den Ackerweg gehen Sie 700 m entlang, bis schräg links im Gebüsch ein schmaler Weg abzweigt. Diesen können Sie leicht verpassen, da erst nach wenigen Metern die nächste Markierung zu sehen ist.

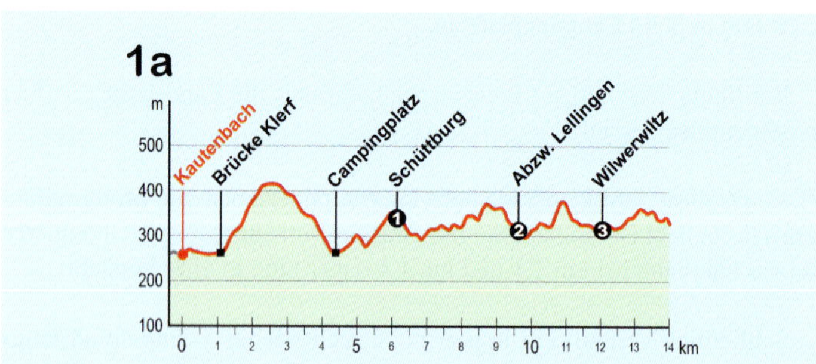

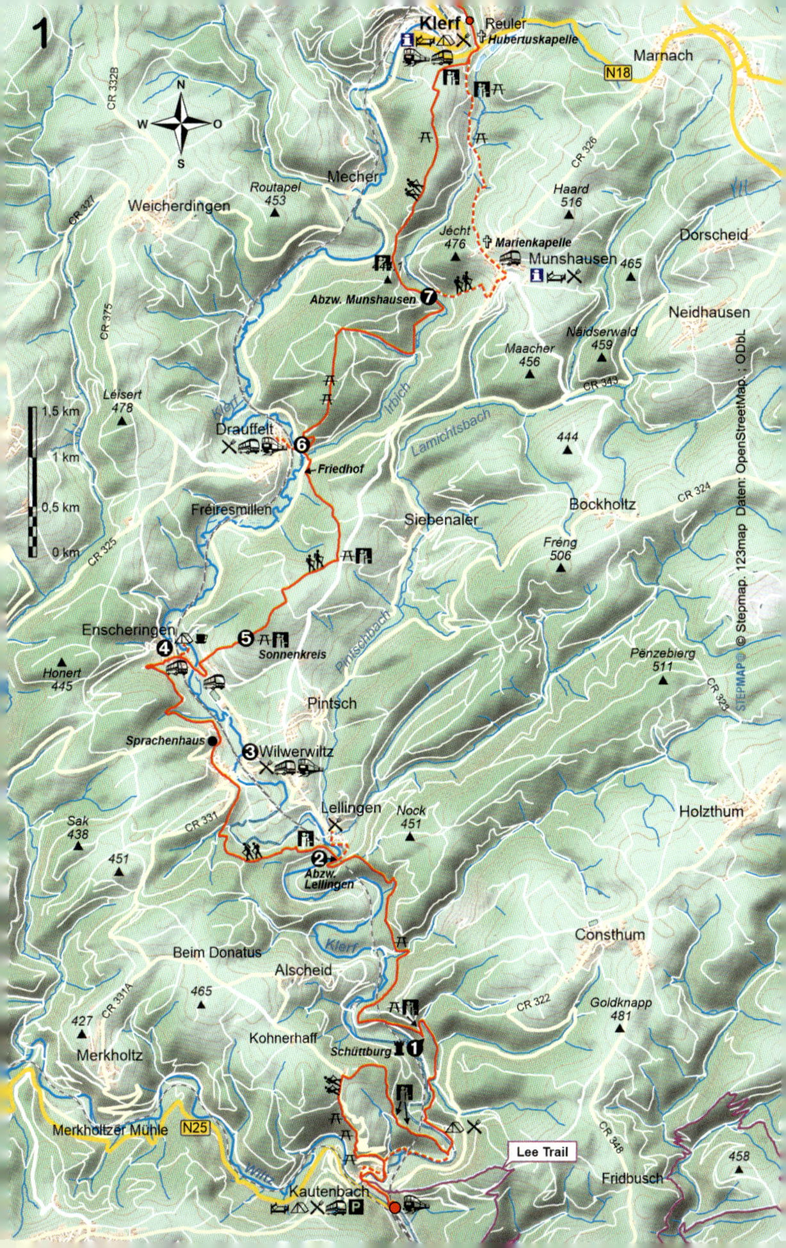
1
Klerf
Reuler
Hubertuskapelle
Marnach
N18
CR 332B
N
W
O
S
Mecher
Weicherdingen
CR 327
Routapel
453
CR 326
Haard
516
Dorscheid
Jécht
476
Marienkapelle
Munshausen
465
Abzw. Munshausen
7
Neidhausen
Näidserwald
459
Maacher
456
CR 375
CR 343
Irbich
Lamichtsbach
Leisert
478
1,5 km
1 km
0,5 km
0 km
Klerf
Drauffelt
6
Friedhof
444
Fréiresmillen
CR 324
Bockholtz
Siebenaler
CR 325
Fréng
506
Enscheringen
4
5
Sonnenkreis
Pintschbach
Honert
445
Pénzebierg
511
CR 323
Pintsch
Sprachenhaus
3
Wilwerwiltz
Lellingen
Nock
451
Holzthum
Sak
438
CR 331
451
2
Abzw. Lellingen
Klerf
Consthum
Beim Donatus
Alscheid
465
CR 331A
427
CR 322
Goldknapp
481
Kohnerhaff
Schüttburg
1
Merkholtz
Merkholtzer Mühle
N25
Wiltz
Lee Trail
CR 348
458
Kautenbach
P
Fridbusch
STEPMAP® © Stepmap. 123map Daten: OpenStreetMap.: ODbL

Aussichtspunkt bei km 3,6 mit herrlichem Blick auf das Klerftal, den Campingplatz und die Schüttburg. Hier finden Sie eine Infotafel über den Waldkauz. ☺ Wenn Sie genau hinsehen, entdecken Sie ein besonders zutrauliches Exemplar auf einem Baum.

Vom Aussichtspunkt läuft der Trail bis zu einem Haus und von dort über einen schmalen Weg in den Wald, dann über den Bergrücken hinab ins Tal.

Aussichtspunkt mit Blick auf die Schüttburg (km 3,7)

Der steinige Fußpfad endet an der Zufahrtsstraße vom Campingplatz. Die Markierung leitet Sie über den Platz und Sie kreuzen erneut die Klerf.

Am Schild „Rezeption" (km 4,4) können Sie zum Bistro und zum Campingshop abbiegen.

Am Ende des Campingplatzes empfängt Sie ein Holztor, durch das Sie einen gut beschilderten Pfad betreten. Dieser steigt wiederum schnell an und verläuft an einer Lee entlang. Dann geht es – mit Blick auf die Eisenbahnstrecke im Tal – entlang des Hangs durch den Schluchtwald.

Bei km 4,9 erwartet Sie eine schwierige Passage. Der Weg ist schmal, links fällt der Hang steil ab. Gerade bei feuchtem Wetter ist dies ein schwerer Weg!

Bald erreichen Sie wieder eine breitere Schotterpiste und passieren ein einzelnes Haus. Nachdem Sie einen Bach über eine Brücke gequert haben, biegt Ihr Weg in einen schmalen Saumpfad ein. Er steigt in lichtem Niederwald zügig an. An einer Fahrstraße bei km 5,3 gehen Sie nach rechts am Fahrbahnrand entlang, um nach wenigen Metern auf eine Schotterstraße in den Wald abzubiegen. Durch ein Bachtal und dann entlang des steilen Hangs erreichen Sie die Schüttburg ❶ (Lë: Schëttbuerg, Fr: Schuttbourg).

Von der Burgbrücke aus haben Sie einen wunderschönen Blick.

Die Schüttburg

Die Schüttburg stammt aus dem 14. Jh. und wurde als Bollwerk errichtet. Ab dem 15. Jh. gehörte auch ein Bauernhof in Holzthum zum Besitz. Dieser Hof war den jeweiligen Burgherren zinspflichtig. Bis ins Jahr 1805 blieb die Burg in relativ gutem Zustand. Dann aber wurde sie teilweise eingerissen – man verwendete die Steine als Baumaterial. Nach einer Restaurierung diente sie bis zum Zweiten Weltkrieg zeitweise als Jugendherberge. Die Kriegsschäden waren so schlimm, dass heute, nach einer aufwendigen Restaurierung, kaum noch originale Bausubstanz vorhanden ist. Derzeit befindet sich die Burg in Privatbesitz und kann nicht besichtigt werden.

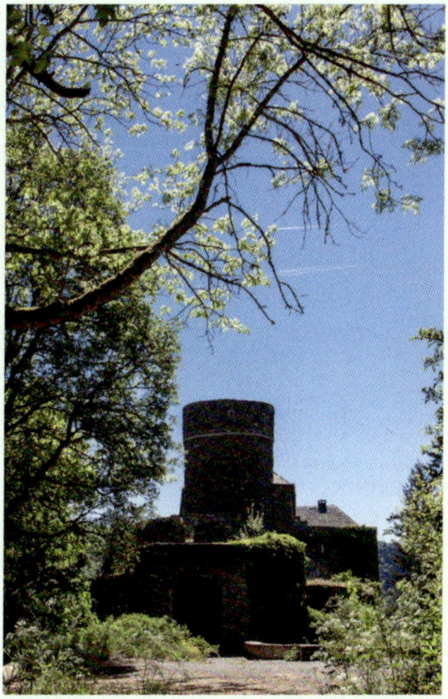

Die Schüttburg

Neben der ⛩ Bank führt Sie ein schmaler Pfad zurück ins Tal. Sie erreichen eine ruhige Nebenstraße, an deren Rand Sie für 400 m bergauf gehen. Danach führt Sie die Wegmarkierung zurück in den Wald, durchweg oberhalb der Klerf, auf die Sie immer wieder einen schönen Ausblick haben. Bei km 7,9 kommen Sie an einer weiteren ⛩ Bank vorbei.

Bei km 9,1 gelangen Sie an eine Weggabelung. Sie bleiben auf dem Hauptweg, der hier neben einem breiten Graben bergab führt. Bald schon erblicken Sie wieder das bekannte Wegzeichen und werden zuverlässig geleitet. Wenn Sie bei km 9,4 oberhalb des Eisenbahntunnels stehen, dann ist es nur noch ein kleines Stück Weg, bis Sie die Straße nach Lellingen erreichen.

✋ Biegen Sie auf diese verkehrsarmen Straße nach rechts ab. Es gibt zwar Wegmarkierungen, jedoch wurde ein neuer Holzzaun angebracht, der die Marken verdeckt.

Nach 100 m finden Sie einen ungeteerten Feldweg nach links. Dies ist Ihr Weg.

↳ Falls Sie sich das schöne Dörfchen Lellingen ansehen möchten, bleiben Sie an diesem Abzweig ❷ auf der Straße und folgen Sie ihr für 500 m.

Lellingen ✗ ✞

(Lë: Lellgen, Fr: Lellingen)

✗ Café Lellger Stuff, 3, Ierwescht Duerf, L-9760 Lellingen, ☏ 003 52/92 05 64, Do-Di 10:00-22:00, geschlossen für zwei Wochen im Sep, kleine Speisen, Hunde in der Gaststube willkommen

Lellingen wird als Modelldorf des Denkmalschutzes bezeichnet. Gerade hier konnten viele der für die Region typischen Öslingshäuser erhalten werden. Das sind lang gestreckte Bauernhäuser mit einem Satteldach und einem durchlaufenden First. Die Häuser sind senkrecht zum First geteilt, in einen Wohn- und einen Wirtschaftsbereich.

Auch die Gassen und Wege des Ortes wirken ursprünglich. So gibt es noch eine Furt über den Lellgerbach.

Sollten Sie rund um den Luxemburger Nationalfeiertag am 23. Juni hier vorbeikommen, dann nehmen Sie sich ein bisschen Zeit, denn dann findet das Lellinger Kunstfest statt (www.konstfestival.lu/de). Wie in einer Galerie unter freiem Himmel können Sie dort an Workshops teilnehmen, Ausstellungen besichtigen oder Straßenkünstlerinnen und Straßenkünstlern zuschauen.

Entlang der Bahnlinie gehen Sie durch das idyllische Klerftal bis zu einer Bank (km 9,9), von wo aus Sie auf einem Pfad eine Felslee hinaufsteigen.

☺ Sie laufen auf dem Bergrücken durch lichte Bewaldung. So können Sie zu beiden Seiten die Klerf fließen sehen. Die kleinen Dörfer schmiegen sich in die Landschaft und wirken wie aus der Zeit gefallen. Dazu ein sehr schöner Weg mit gut gelegenen Rastplätzen – dieses Wegstück ist ein Kleinod der 1. Etappe.

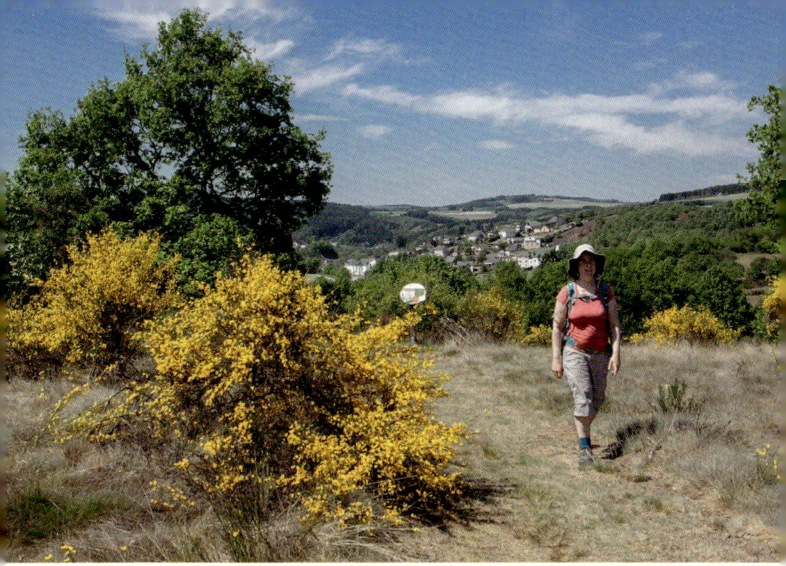

Aussichtspunkt bei Lellingen

Der Abstieg von der Lee ist steil und führt Sie direkt an den Ortsrand von Wilwerwiltz ❸.

Wilwerwiltz

(Lë: Wëlwerwolz, Fr: Wilwerwiltz)

✕ Restaurant Salut Sushi, 2, Am Duerf, L-9776 Wilwerwiltz, ☏ 003 52/92 12 91 und 003 52/621 51 35 96, Mo-Fr 11:30-15:00 und 17:30-22:30, Sa-So 11:30-15:00 und 18:30-23:00, schnelle (chinesische, japanische und thailändische) Küche auch für Wandernde, Lieferdienst in die Umgebung, Hunde willkommen

Bäckerei Zeimes, 5, Am Duerf, L-9776 Wilwerwiltz, ☏ 003 52/92 14 23, Di-Fr 8:00-16:30, Sa 8:00-16:00, So 8:00-11:00

Bus 143, Mo-Sa alle zwei Std., nach Enscheringen – Drauffelt – Munshausen – Marnach

Nahverkehrszug und IC (☞ Ettelbrück)

Sobald Sie bei km 11,9 den Ortsrand erreicht haben, sehen Sie schon auf der rechten Seite einen Campingplatz. Dieser ist leider nur für Dauercamperinnen und Dauercamper angelegt. Weiter geradeaus erreichen Sie die

Dorfmitte. Hier befindet sich links eine Bäckerei, rechts ein chinesisches Restaurant und geradeaus vor Ihnen die Willibrorduskirche.

Falls Sie zum Bahnhof möchten, gehen Sie 200 m nach rechts.

Im Dorf folgen Sie wie gewohnt der zuverlässigen Markierung. Dabei müssen Sie mehrmals die Fahrbahnseite wechseln. Da der Verkehr recht ausgeprägt ist, sollten Sie dabei vorsichtig sein.

Bei km 12,3 macht die Hauptstraße eine scharfe Kurve nach links. Gehen Sie hier nach rechts die schmale Straße bergab. Weiter durchs Dorf kommen Sie beim Sprachenhaus vorbei. Hier lebte der luxemburgische Theaterschriftsteller Max Georgen.

Sobald Sie die letzten Häuser von Wilwerwiltz hinter sich gelassen haben, laufen Sie durch liebliche Flusslandschaft, zuerst am Waldrand entlang, dann durch Wald und Forst. Schließlich, schon 1,3 km nachdem Sie Wilwerwiltz verlassen haben, erreichen Sie das Dorf Enscheringen.

Enscheringen

(Lë: Äischer, Fr: Enscherange)

Camping Val d'Or, 2, Um Gaertchen, L-9747 Enscheringen, 003 52/92 06 91, www.valdor.lu, info@charmecamping.lu, Trekkinghütte ab € 47,50, Preise fürs Zelten erfragen, März-Dez, keine festen Zeiten, Lunchpaket kann am Vortag bestellt werden, Trockenraum, Waschmaschine, Trockner, Abholung aus der näheren Umgebung und vom nächsten Bahnhof, auf Anfrage Gepäcktransport zum nächsten Etappenziel möglich, Hunde willkommen, Übernachtung € 5

143 (Wilwerwiltz)

Im August veranstaltet das Dorf ein Mühlenfest in der Rackésmühle. Informationen finden Sie unter www.touristcenter.lu.

Leder und Brot

In Enscheringen steht eine der ältesten Wassermühlen des Landes. Es ist in jedem Fall die einzige noch funktionierende Kornmühle an der Klerf und Sie können sie in Aktion erleben, wenn Sie Glück haben. Denn das Freilichtmuseum in Munshausen unterhält die Rackésmühle in Enscheringen zu Anschauungszwecken und führt die alten Handwerkskünste regelmäßig vor.

Aber nicht nur Mehl und Brot wurden in Enscheringen hergestellt, sondern auch Leder. Von den alten Gerbereien fehlt mittlerweile jede Spur, jedoch finden Sie noch immer rund um die Dörfer der näheren Umgebung viele Lohhecken, die auch nach wie vor bewirtschaftet werden. Die Lohe wurde zum Gerben benötigt und erinnert nun an dieses Handwerk.

Nach den ersten Häusern vollführt die Straße eine scharfe Rechtskurve. Bergab laufen Sie auf den Dorfkern von Enscheringen ❹ zu. Bei km 14,3 erreichen Sie die Hauptstraße.

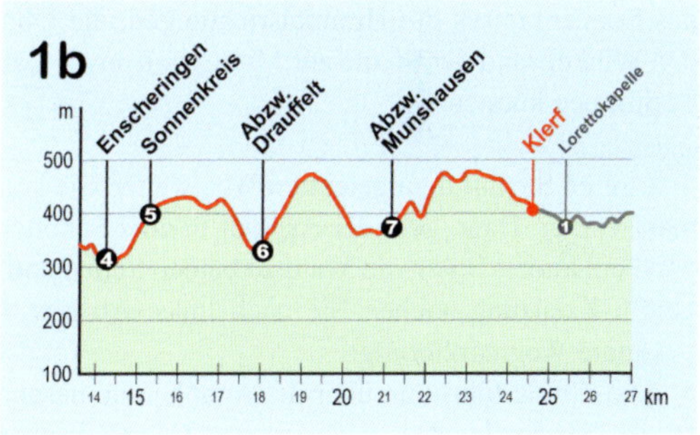

Hier finden Sie die Bushaltestelle.

Wenn Sie nach links gehen, erreichen Sie nach 230 m den Campingplatz.

Die Straße ist viel befahren. Bitte verhalten Sie sich beim Überqueren entsprechend. Auf der anderen Straßenseite folgen Sie der Markierung über den Bahnübergang. Die Bebauung zu beiden Seiten wird durch die Klerf unterbrochen. Hier, bei km 14,5, führt die Straße über eine Brücke.

Bus 143 (☞ Wilwerwiltz) (km 14,6)

Direkt hinter der Bushaltestelle geht es die Straße links bergauf.

In dem nun folgenden Neubaugebiet fehlt die Wandermarkierung.

Folgen Sie dem Straßenverlauf den Berg hinauf. Der Weg ist sehr steil.

☹ Sie finden bei km 15,1 einen Wegweiser, der Sie nach links auf eine Treckerspur schickt. Dies ist eine Täuschung! Gehen Sie hier weiter geradeaus, bis Sie die letzten Häuser hinter sich gelassen haben, und darüber hinaus, bis Sie den Waldrand erreicht haben.

Am Aussichtspunkt Sonnenkreis ❺ bei km 15,3 zeigt Ihr GPS-Gerät die Koordinate N 50° E 006° an. Infotafeln erklären Ihnen, wie Sie mithilfe des Sonnenkreises die Himmelsrichtungen, die Uhrzeit, die Jahreszeiten, den Winkelstand der Sonne zur Mittagszeit sowie Längen- und Breitengrad bestimmen können.

Laufen Sie auf dem geteerten Weg weiter. Sie kommen an einem Funkmast vorbei. Dann geht der Asphalt in eine Schotterpiste über, Sie laufen noch ein kurzes Stück mit Wald zu beiden Seiten und erreichen bei km 15,9 eine T-Kreuzung. Gehen Sie nach links. Ab hier finden Sie wieder die bekannte Wegmarkierung.

Die Straße führt nun über die Anhöhe und beschert Ihnen einen weiten Blick über das Land.

Der Sonnenkreis bei Enscheringen

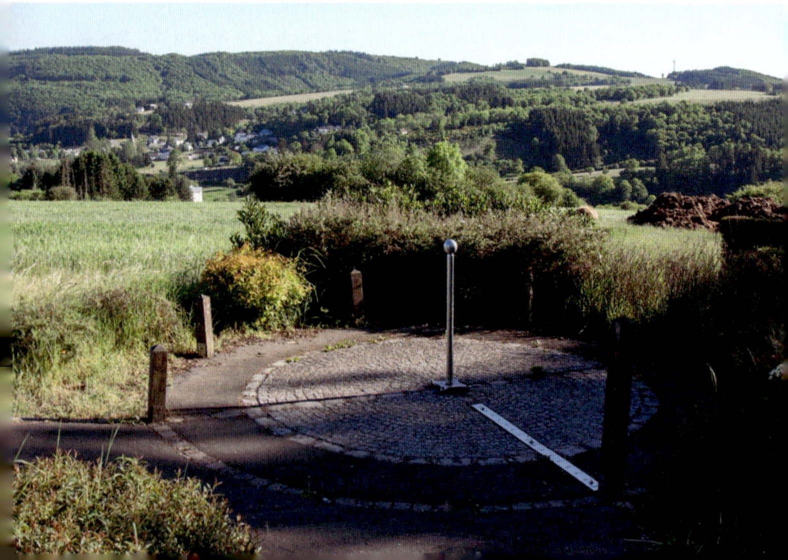

Picknickbank und Aussichtspunkt mit Blick ins Pinschbachtal und auf Siebenaler (Lë: Siwwenaler) (km 16,7)

Sie bleiben noch ein wenig auf dem Plateau und laufen zwischen Wiesen, dann durch lockeren Mischwald und Lohhecke bis hinauf auf die Bëlzknapp.

Lohe

Als Lohe bezeichnet man getrocknete Eichenrinde. Sie wird zum Gerben von Leder verwendet. Dafür werden die Eichen einer Lohhecke alle 20-30 Jahre gefällt und anschließend von der Rinde befreit. Aus den Baumstümpfen wachsen dann wieder junge Triebe, die die Lohhecke bilden. Das sind sehr lichte, sonnendurchflutete Eichen-Niederwälder, die scheinbar aus lauter jungen Bäumen bestehen.

Trocknet man die Rinde, so lässt sie sich zu Lohe mahlen. Daher findet man in Gegenden, in denen Lohe geerntet wurde, auch immer die Überreste von Lohmühlen. Ein Gerbeprozess mit Lohe ist ein sehr aufwendiges Verfahren, das mehrere Jahre dauert. Deshalb wird nur noch selten auf diese Weise gegerbt. Heute verwendet man Lohe vor allem in der Kosmetik und der Medizin.

Lohhecken sind einzigartige Biotope. Falls Sie um Ostern herum unterwegs sind, können Sie im Unterholz der Hecken wilde Narzissen sehen.

Von dort geht es wieder durch schönen, urwüchsigen Wald ins Tal hinab. Am Friedhof bei km 17,8 beginnt ein asphaltiertes Wegstück. Sie gehen die Friedhofszufahrt hinab bis zur Landstraße und dort nach links. Etwa nach 20 m mündet die Landstraße in die Talstraße zwischen Enscheringen und Drauffelt.

Dies ist eine stark befahrene Straße. Sie ist kurvig und daher unübersichtlich. Als Fußgängerin oder Fußgänger werden Sie erst spät gesehen. Gehen Sie hier – ausnahmsweise – am rechten Fahrbahnrand entlang und geben Sie dabei auf den Verkehr acht.

Nach 100 m dürfen Sie den Fahrbahnrand wieder verlassen. Sie erreichen rechts an einem Wegkreuz einen geteerten Feldweg.

↳ Nach Drauffelt gehen Sie an diesem Abzweig ❻ 50 m weiter geradeaus, überqueren dort die Landstraße (✋) und laufen weitere 100 m über die Klerfbrücke.

Drauffelt

(Lë: Draufelt, Fr: Drauffelt)

Restaurant Yves Radelet, 11, Duerefwee, L-9746 Drauffelt, ☏ 003 52/26 90 36 57, www.yvesradelet.com, info@yvesradelet.com, Fr-Sa 18:30-21:00, So 12:00-14:00, Weihnachten geschlossen, gehobene Luxemburger und experimentelle moderne Küche, Käserei, Produkte aus eigener Herstellung, auf telefonische Vorbestellung werden Lunchpakete für Wandernde zubereitet.

Bus 143 (☞ Wilwerwiltz)

Nahverkehrszug und IC (☞ Ettelbrück)

Im nun folgenden letzten Wanderabschnitt der Etappe verlassen Sie kurzzeitig das Klerftal. Es geht auf einem schmalen, steilen Weg über einen Bergrücken. Schließlich wird der Weg ebener und breiter.

Wenn Sie gerade den höchsten Punkt hinter sich gelassen haben, treten Sie auf eine Fünferkreuzung. Von hier aus führt ein Pfad zügig bergab. Dabei fließt rechts neben Ihnen ein Bach, der in den Irbich mündet. Im Tal des Irbich endet die Gefällestrecke. Sie biegen nach links ab und folgen eine Weile dem Bachverlauf.

↳ Falls Sie die Wanderung über Munshausen fortsetzen möchten, ist an der Irbichbrücke der Abzweig ausgeschildert ❼ (km 21,2). Die Wegbeschreibung finden Sie im Abschnitt ☞ Variante über Munshausen, Seite 84.

Bis km 21,4 fließt der Irbich direkt neben Ihnen, dann wechseln Sie auf einen schmalen Waldpfad, auf dem Sie schnell an Höhe gewinnen. Die Aussicht auf das naturnahe Bachtal ist prächtig. Bei km 21,7 lädt eine Bank zu einer Rast ein. Von hier blicken Sie auf die Fischteiche im Tal und auf die gegenüberliegenden Erhebungen Jécht (⇧ 476 m), Maacher (⇧ 456 m) und Haard (⇧ 516 m).

Weiter geht es auf einem guten Waldweg über die Anhöhe. Schließlich wird der Wald lichter und Sie erreichen eine Bank (km 23,1).

Noch ein paar Meter, dann weicht der Wald zurück, Sie betreten die freie Anhöhe und es eröffnet sich ein erster Ausblick auf die Abtei Klerf, die Sie links auf der anderen Talseite sehen. Der Feldweg, den Sie gerade gegangen sind, mündet bei km 23,7 in eine ruhige Straße. Gehen Sie nach rechts und genießen Sie den weiten Rundumblick.

Bald sind die ersten Häuser von Reuler erreicht, bergab durchwandern Sie eine Linkskurve und treffen im spitzen Winkel auf eine Landstraße.

☺ Hier bei km 24,2 verbinden sich die Variante über Munshausen und der reguläre Trail-Weg wieder.

Nach 100 m führt Sie die Wegmarkierung zur Hauptstraße nach Reuler.

Reuler ✞ 🚌

(Lë: Reiler, Fr: Reuler)

✞ Hubertuskapelle

🚌 Busse 161, 163, 164, 182 (☞ Klerf)

Gehen Sie am Zebrastreifen über die Fahrbahn.

✋ Geben Sie dabei bitte auf den Verkehr acht.

Der markierte Weg leitet Sie am ehemaligen Hotel St. Hubert vorbei bis zur kleinen ✞ Hubertuskapelle (km 24,4).

Hubertuskapelle

Luxemburg ist und war immer ein sehr katholisches Land, die Frömmigkeit der Bevölkerung ist durch die vielen Kirchen, Wegkreuze und kleinen Kapellen spürbar. Meist sind es Marienbilder, die dort zu sehen sind, denn die Landespatronin ist die heilige Maria. Aber auch andere Heilige haben ihren Ort. In diesem Fall ist es der heilige Hubertus, in Luxemburgisch „den hellegen Haupert“, der auch Schutzheiliger des Éislek ist. Sollten Sie Mathematikerin oder Mathematiker oder mathematische Geräte herstellen, so ist dies Ihr Schutzpatron. Aber auch Jägerinnen und Jäger, Personen, die Hunde besitzen, Pelznäherinnen und Pelznäher sowie Metzgerinnen und Metzger dürfen sich von ihm Beistand erhoffen.

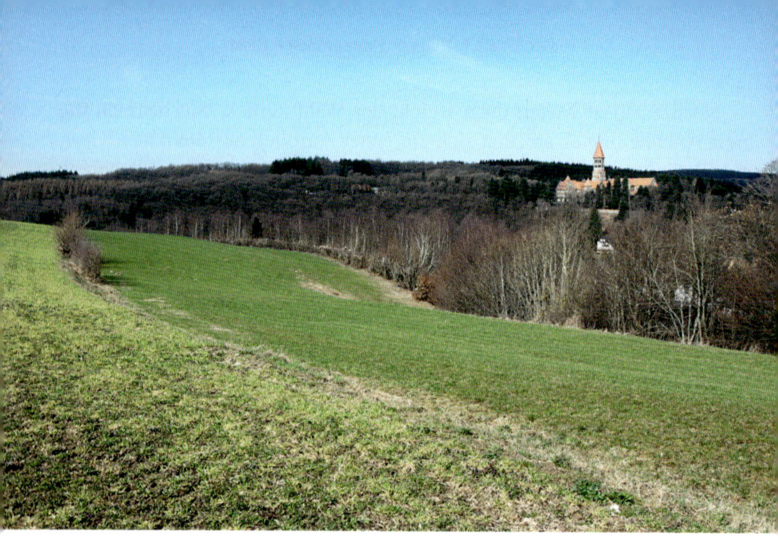

Blick auf die Abtei St. Maurice

Neben der Kapelle führt ein Fußpfad durch den Wald bergab. Links durch die Bäume eröffnen sich immer wieder Blicke auf Klerf mit der markanten Kirche und dem Schloss sowie auf die Abtei, die Sie gegenüber auf dem Berg sehen.

Bei km 24,6 finden Sie eine Weggabelung, die Sie nach links bergab nach Klerf leitet. Hier endet die heutige Etappe.

Nach Klerf biegen Sie also nach links vom Trail ab. Der schmale Pfad mündet nach etwa 90 m in eine Fahrstraße. Gehen Sie nach rechts weiter. An der nächsten Kehre wenden Sie sich nach links und kommen zum zentralen Parkplatz von Klerf. Von hier aus erreichen Sie alle gastronomischen und sonstigen Einrichtungen von Klerf.

Klerf

(Lë: Klierf, Fr: Clervaux)

Touristenbüro Clervaux, 11, Grande-Rue, L-9701 Klerf, 003 52/92 00 72, www.destination-clervaux.lu, info@destination-clervaux.lu, tägl. 10:00-12:00 und 12:3-18:00

Hôtel Koener, 14, Grand-Rue, L-9710 Klerf, 003 52/92 93 92, www.hotelkoener.lu, info@excellence-hotels.com, Zimmer ab € 95,

24.12. und 25.12. geschlossen, Gastronomie 12:00-14:30 und 18:30-21:00, Restaurant und Brasserie mit französischer Küche, ☺ Trocknen von nasser Kleidung, Lunchpaket für € 8,50, Sauna und Wellnessbereich für Hotelgäste, Abholservice für die nähere Umgebung, Gepäcktransport zur nächsten Wanderstation, Hunde willkommen, Übernachtung € 12

♦ Hôtel des Nations, 29, Rue de la Gare, L-9707 Klerf, ☏ 003 52/92 10 18, ÜF im EZ ab € 70, im DZ ab € 44, Weihnachten und Silvester geschlossen, Gastronomie Mo 18:30-21:00, Di-Fr 12:00-14:00 und 18:30-21:00, Sa-So 12:00-14:00 und 18:30-21:30, regionale Küche, Lunchpaket auf Vorbestellung, Gepäckservice zum nächsten Etappenziel, Hunde willkommen, außer im Gastraum, Übernachtung € 5-10

Camping Clervaux, 53, Boîte Postale, L-9714 Klerf, ☏ 003 52/92 00 42, www.camping-clervaux.lu/de, info@camping-clervaux.lu, Preise erfragen, ganzjährig, Wanderhütte auf Anfrage, Fahrradverleih auf Anfrage, Hunde willkommen, Übernachtung € 2,50

Café Au Chocolat, 13, Grand-Rue, L-9701 Klerf, ☏ 003 52/26 90 47 07, traumhafte Torten und eine Chocolat chaud des Incas zum Dahinschmelzen

WC mehrere öffentliche WCs in der Innenstadt und am Bahnhof

BANK In der Fußgängerzone finden Sie eine Reihe von Geschäften, Banken und eine Apotheke.

Allgemeinmediziner Dr. Edy Mertens, 40, Grand-Rue, L-9710 Klerf, ☏ 003 52/92 08 62

♦ Zahnarzt Dr. Jean Meyers, 2b, Route d'Eselborn, L-9706 Klerf, ☏ 003 52/31 07 08

♦ Tierärztin Ulrike Drexel-Eyschen, 40, Rue Du Village, L-9748 Eselborn, ☏ 003 52/92 98 01

Police Clervaux, 12, Route de Marnach, L-9709 Klerf, ☏ 003 52/244 83-200, police.ourdall@police.etat.lu

✞ Pfarrkirche im rheinisch-romanischen Stil. Die Innenausstattung ist prächtig und einen Besuch wert.

♦ Lorettokapelle im Rokokostil. Sie wurde 1761 vom Baron von Clerv errichtet.

⌘ Schloss Klerf, B. P. 31, L-9701 Klerf, ☏ 003 52/92 96 57, www.associationchateaux.lu und steichencollections.lu, fom@cna.etat.lu, Museum der Ardennenoffensive und Ausstellung von Modellen der Burgen und Schlösser Luxemburgs: Mai-Okt Di-So und Fei 10:00-18:00 und Nov-April Sa, So und Fei 10:00-18:00, in beiden Museen jeweils: Erwachsene € 3,50, ermäßigt € 2,50, Kombiticket für beide Museen Erwachsene € 5, ermäßigt € 3, gratis bis 18 Jahre; Fotoausstellung Family of Man: März-1.01. Mi-So und Fei 12:00-18:00, Führungen außerhalb der Öffnungszeiten auf Anfrage möglich, Audioführer im Eintrittspreis inbegriffen, Gratisführung jeden So 15:00, sonst Erwachsene € 6, ermäßigt € 4, gratis bis 21 Jahre

Bus 161, Mo-Sa viermal tägl., nach Reuler – , Bus 162, Mo-Sa alle zwei Std., nach Ulflingen, Bus 163, Mo-Sa alle zwei Std., nach Reuler, 164, Mo-So viermal tägl., nach Reuler, Bus 165, Mo-So stündl. nach Maulusmühle, 182, Mo-So stündl., nach Reuler

Nahverkehrszug und IC (☞ Ettelbrück)

☺ In der Fußgängerzone wird um die Ostertage herum ein Ostermarkt und im Advent ein Weihnachtsmarkt abgehalten.

So wie Ettelbrück die größte Stadt der luxemburgischen Ardennen ist, so darf man Klerf sicher als deren kulturelles Zentrum ansehen: überraschend lebendig mit vielen Veranstaltungen, hübsch anzusehen, beeindruckende Baudenkmäler. Über der Stadt thront die Abtei St. Maurice. Pittoresk im Flusstal der Klerf schmiegen sich die Gassen um das Schloss. Dieses beherbergt einen kostbaren Kulturschatz: die Fotoausstellung „Family of Man“ von Edward Steichen. Sie gehört zum UNESCO-Weltkulturerbe und ist von gleichbleibender Aktualität – und einfach nur wunderschön!

1. Etappe: Variante über Munshausen

25,1 km, 8 Std. 40 Min., ↑ 1.056 m, ↓ 908 m, ⇧ 253- 474 m

0,0 km	⇧ 257 m	Kautenbach
6,1 km	⇧ 345 m	Schüttburg
9,7 km	⇧ 308 m	Abzweig nach Lellingen (500 m)
12,1 km	⇧ 306 m	Wilwerwiltz
14,3 km	⇧ 305 m	Enscheringen
18,1 km	⇧ 321 m	Abzweig nach Drauffelt (150 m)
22,2 km	⇧ 455 m	Munshausen
24,8 km	⇧ 417 m	Reuler
25,1 km	⇧ 407 m	Abzweig nach Klerf WC BANK (ca. 500 m)

Sie möchten gerne mehr über die bäuerliche Kultur des Éislek wissen? Oder gute, originalgetreue Ardenner Küche genießen? In beiden Fällen

sind Sie in Munshausen richtig! Die Variante bringt Ihnen zusätzliche Höhenmeter und ein wenig mehr Wegstrecke ein, dafür können Sie sich auf das Freilichtmuseum und die Gaststätte Robbesscheier freuen.

Falls Sie gerne nach Munshausen wandern möchten, so beginnen Sie die Variante bei km 21,1 der regulären Route. Hier befinden Sie sich an der Brücke über den Irbich. Der Weg ist nur teilweise markiert, daher müssen Sie sich an der Landschaft orientieren. Gehen Sie nach rechts auf der geteerten Straße über die Brücke. Nach 300 m finden Sie links die bekannte Wegmarkierung, die Sie einen steilen Fußweg am Waldrand hinaufführt. Sie erreichen Munshausen.

Munshausen

(Lë: Munzen, Fr: Munshausen)

🅸 ⌘ Robbesscheier, 1, Frummeschgaass, L-9766 Munshausen, ☏ 003 52/921 74 51, 💻 www.robbesscheier.lu, ✉ info@touristcenter.lu, 🚪 ganzjährig, Heiligabend geschlossen, Museum mit Touristeninfo: Mo-Fr 8:00-18:00, Sa-So 9:30-16:00, Shop mit regionalen Produkten und Freilichtmuseum zur bäuerlichen Lebensweise mit angeleiteten Aktionen (halber Tag € 10, Tageseintritt € 15)

🛏 ✕ Robbesscheier, Adresse ☞ 🅸 ⌘, Restaurant, Hotel, Ferienwohnungen, Ü € 46, 🚪 tägl. 8:00-1:00, Küche 12:00-14:00 und 18:00-21:00, regionale Küche mit Gemüse aus eigenem Anbau, ☺ reservieren!, 💼 Gepäckservice nach Klerf möglich, 🚗 Abhol- und Bringdienst für Übernachtungsgäste auf Anfrage, 🐕 Hunde willkommen, Übernachtung € 10-15

🚌 Bus 143 (☞ Wilwerwiltz)

☺ Ende Mai findet in Munshausen der Tag des Ardenner-Pferdes statt. Außerdem wird rund um den Hubertustag (3. November) ein Hubertusmarkt veranstaltet.

Das Dorf Munshausen ist schon alt. Zum ersten Mal schriftlich erwähnt wurde es 839 als „Muunheistati in Arduenna“. Doch sicher ist, dass es hier auch schon vorher eine Ansiedlung gegeben haben muss. Denn der Platz, auf dem die Hubertuskirche steht, war schon in vorchristlicher Zeit eine Kultstätte, das ergaben archäologische Funde. Die Kirche hatte immer eine große Bedeutung, da es die Begräbnisstätte der Grafen von Clerf und von ihren Angehörigen war. Ebenfalls eine Besonderheit von Munshausen war das Marktrecht. Nicht jedem Dorf und nicht jeder Stadt war es erlaubt, Märkte abzuhalten. Dies war ein Privileg, das vom Regenten verliehen wurde und einer Ortschaft in der Regel zu Wohlstand verhalf. Ein Überbleibsel ist der jährliche Hubertusmarkt, der immer am 3. November abgehalten wird. Außerdem finden Sie im Dorf ein Marktkreuz aus rotem Sandstein. Dies ist eine übliche Requisite eines Marktfleckens: Es soll die Händler an das achte Gebot erinnern – „Du sollst nicht stehlen."

Neben dem himmelblauen Wohnhaus Nr. 3 treffen Sie auf die Dorfstraße. Auf dem Gehweg geht es nun nach links bergauf. Vor der Kirche überqueren Sie die Fahrbahn. Es ist nicht mit viel Verkehr zu rechnen, seien Sie trotzdem bitte vorsichtig.

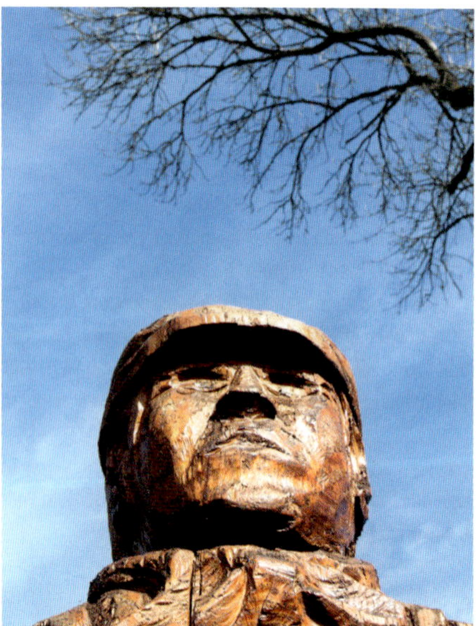

Im Freilichtmuseum Robbesscheier

Dort biegt der Weg nach rechts ab und beim nächsten Abzweig wählen Sie wiederum den rechten Weg. Nach wenigen Metern erreichen Sie den Eingang zum Café Restaurant Robbesscheier (km 22,2). Hier finden Sie auch die Touristeninformation und das ⌘ Freilichtmuseum.

Gehen Sie den Fußweg zwischen Café und Touristeninformation weiter bergauf. Dieser knickt dort, wo Sie bei km 22,3 die Bushaltestelle vor der Kirche erreichen, nach links ab. Von dort aus nach rechts bergauf laufen Sie an der Hauptstraße entlang und dann in einer scharfen Kurve nach links in Richtung Marnach. Sie laufen hier entlang des Fahrbahnrands. Es ist nicht mit viel Verkehr zu rechnen, dennoch sollten Sie den Straßenverkehr im Blick behalten.

Bei km 22,6 knickt die Straße nach rechts ab. Hier befindet sich auch eine Marienkapelle. Nehmen Sie geradeaus den asphaltierten Feldweg.

Die Markierung „grünes Dreieck auf weißem Grund“ hilft Ihnen ab hier bei der Orientierung. Entlang von Hecken wandern Sie zwischen Viehweiden hindurch. An der nächsten Gabelung wählen Sie den linken Weg, der Sie bergab führt.

Nun haben Sie auch den Wald erreicht, der bis zur Brücke über den Irbich Ihr Begleiter bleibt. Am anderen Ufer finden Sie bei km 23,8 zunächst eine Bank. Folgen Sie dem Straßenverlauf weiter ein wenig bergauf zu einer Aussichtsbank mit Blick auf Reuler (km 24,3).

Nach 300 m mündet von links eine sehr steile Straße neben einer gelben Garage ein. Hier trifft der normale Eislek Trail wieder mit Ihrer Variante zusammen. Folgen Sie nun wieder der Beschreibung der ☞ 1. Etappe, Seite 81.

2. Etappe: Klerf – Asselborner Mühle

20,1 km, ⌛ 6 Std., ↑ 611 m, ↓ 597 m, ⇧ 370-503 m

0,0 km	⇧ 407 m	Abzweig nach ⤷ Klerf WC ✝ ⌘ (ca. 500 m)
6,5 km	⇧ 463 m	Flugzeugwrack ⌘
6,7 km	⇧ 394 m	Abzweig nach ⤷ Maulusmühle (ca. 300 m)
11,9 km	⇧ 406 m	Ulflingen FUN ✝
14,0 km	⇧ 417 m	Kloster Fünfbrunnen ✝ ⌘
14,8 km	⇧ 424 m	ehemaliger Klosterfriedhof
16,2 km	⇧ 394 m	Sassel
20,0 km	⇧ 420 m	Abzweig nach ⤷ Asselborn ⌘ (900 m)
20,1 km	⇧ 419 m	Asselborner Mühle ⌘

Von Klerf aus wandern Sie entlang der Woltz Richtung Norden. Dabei wechseln Sie zweimal die Flussseite. Während Sie von der breiten Flussau hinter Klerf noch auf steile, bewaldete Anhöhen laufen, wird das Woltztal bis Ulflingen immer schmaler und flacher. Vorbei am eindrucksvollen Kloster Fünfbrunnen schwingen Sie sich hinter Ulflingen hinauf auf das Éislek-Plateau. Durch das liebliche Tretterbachtal erreichen Sie die Asselborner Mühle, die Ihr heutiges Ziel darstellt.

Von Klerf kommend beginnen Sie die heutige Tour an der Weggablung, an der Sie Ihre Wanderung gestern beendet haben. Der Eislek Trail führt weiter am Hang entlang. Immer etwa auf der gleichen Höhe verläuft der Weg über der Stadt, die Sie in verschiedenen Blickwinkeln durch die Bäume betrachten können. In kurzen Abständen finden Sie ⩩ Bänke.

✋ Nach 100 m gabelt sich der Weg erneut. Hier ist die Markierung schwer zu entdecken. Gehen Sie hier nach links.

Sie passieren ein Holztor. Dahinter befindet sich die ✞ Lorettokapelle ❶ (km 0,8).

Die Lorettokapelle

Die Lorettokapelle hat einen prominenten Platz am Talhang. Sie wurde vom Baron von Clerv im Jahr 1762 errichtet und ist eine Rokokokapelle. Wie die meisten Lorettokirchen ist auch sie im Rahmen der Gegenreformation entstanden.

Auf der asphaltierten Zufahrt gehen Sie 200 m, bis Sie die Brücke erreichen.

↳ Bei Hochwasser können Sie nicht weiter geradeaus gehen, sondern folgen ab hier der Beschreibung der ☞ Variante bei Hochwasser, Seite 100.

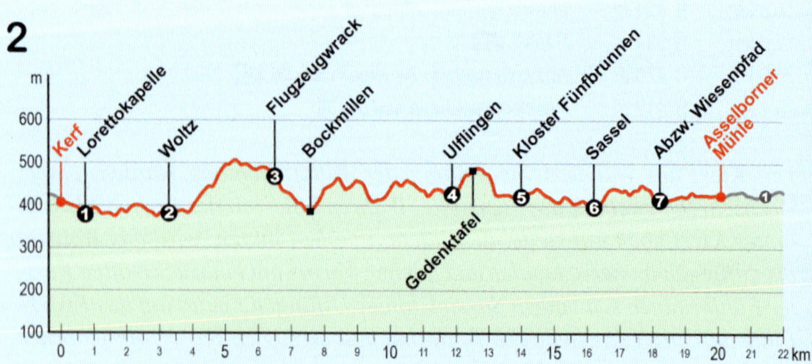

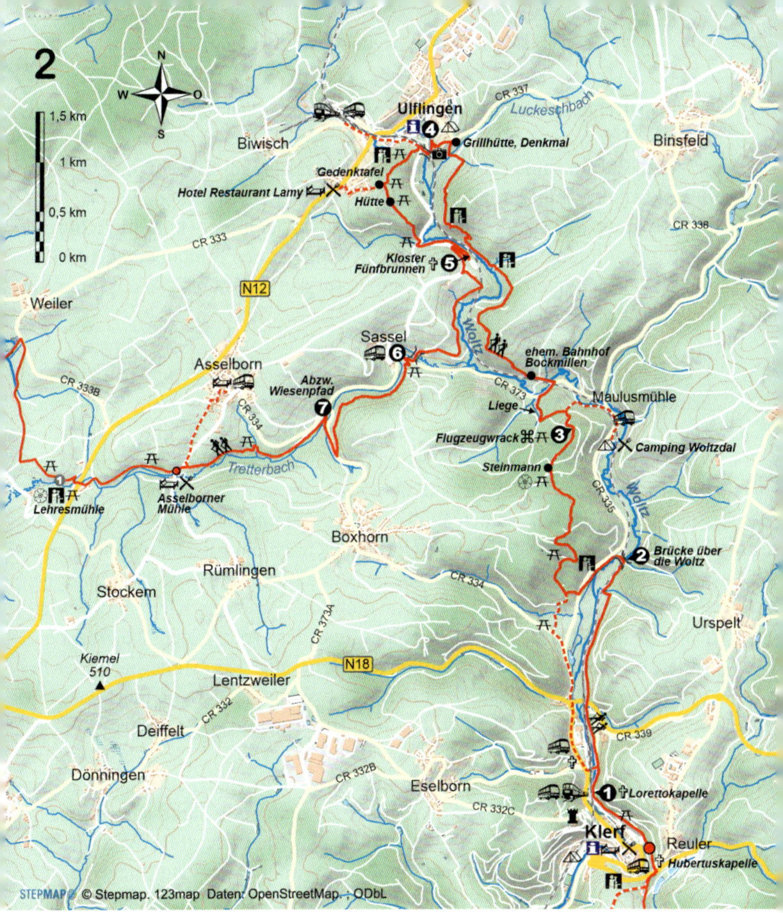

↳ Falls Sie gerne das Hôtel des Nations, den Bahnhof oder eine Bushaltestelle erreichen möchten, biegen Sie hier nach links über die Brücke ab und nach der Brücke noch einmal nach links. Das Hotel und der Bahnhof liegen dann direkt vor Ihnen. Hier hält auch der Bus.

Bei Niedrigwasser gehen Sie an der Brücke vorbei und auf der Straße in Richtung Urspelt (Lë: Ischpelt) vor der Leitplanke entlang.

Bitte verhalten Sie sich dem Verkehr angemessen.

Nach 200 m finden Sie ein Tor in der Leitplanke. Ein Fußpfad beginnt, der Sie erst entlang der Klerf, dann entlang der Bahnlinie leitet.

Sie lassen die Stadt hinter sich und steigen bei km 2,9 kurz im Schluchtwald auf, um jedoch schnell wieder zu dem zahmen Pfad neben den Bahngleisen zu gelangen. Ohne dass Sie es merken werden, überschreiten Sie hier den Reichelbach.

Die Klerf, die Woltz und die Wiltz

Namen von Flüssen und Bächen sind im Éislek manchmal eine verwirrende Sache: Der Fluss, an dem Sie bisher entlanggewandert sind, heißt Klerf bzw. Clerve, Clierf oder Klierf in Luxemburgisch. Als Klerf kommt der Fluss jedoch nicht zur Welt. Von der Quelle bis zu dem Ort, an dem Sie jetzt stehen, trägt er den Namen Woltz. Mit der Einmündung des Reichelbachs ändert sich der Name zu Klerf. Und um es noch ein bisschen komplizierter zu machen, lautet der luxemburgische Name für den Fluss Wiltz und für den Fluss Woltz – richtig: Wolz. Damit fließt die Woltz als Klerf in die Wiltz. Darüber hinaus gibt es noch einen Zufluss der Woltz – den Weierbaach –, der in Belgien den Namen Woltz trägt. Und auch der Tretterbach, der bei Sassel in die Woltz fließt, heißt in Belgien Woltz. Haben Sie den Überblick behalten? Dann genießen Sie Ihre Wanderung entlang der Woltz.

Jenseits der Gleise breitet sich die Au der Woltz aus. Teiche neben dem Fluss locken Vögel aller Art an. Bei km 3,3 laufen Sie durch eine Unterführung unter den Bahngleisen hindurch. Gleichzeitig verläuft Ihr Weg auf einer Brücke über die Woltz ❷. Die Wanderung wird nun über Holzstege geführt.

Die idyllische Flussau liegt jetzt direkt vor Ihnen. Sie haben Gelegenheit, Flora und Fauna ganz nah zu sein, und werden mit ein bisschen Glück den Graureiher beobachten können. Von hier aus haben Sie auch einen wunderbaren Blick auf die Abtei von Klerf.

Eine Weile noch wandern Sie längs des Flusses, dann treten Sie bei km 3,9 an die Landstraße. Auf der gegenüberliegenden Straßenseite sehen Sie eine Gedenktafel und eine Bank.

Überqueren Sie die Straße mit Bedacht. Achtung, Autos und Motorräder fahren hier sehr schnell!

Der Saumpfad neben der Gedenkstätte führt Sie in dichten Wald, der Lärm der Straße verebbt bald und Sie sind umfangen von Natur.

☺ Bei km 4,1 mündet der schmale Pfad in einen Forstweg. Hier kommen Sie dazu, wenn Sie die Variante bei Hochwasser gewählt haben. Gehen Sie entsprechend der Wegzeichen nach rechts weiter.

Sie sind gerade bei km 4,5 an einer ⩩ Bank vorbeigekommen und laufen noch weitere 500 m, bis rechts ein schmaler Pfad vom Forstweg abzweigt.

✋ Hier fehlt die Markierung. Biegen Sie nach rechts in den Pfad ein. Nach der Wegbiegung finden Sie dann das nächste Zeichen an einer Eiche.

⩩ ❀ Bei km 6 finden Sie eine schöne Picknickbank und wenig später ein Steinmännchen am Wegrand.

⌘ ⩩ Bei km 6,5 entdecken Sie die Überreste eines abgestürzten Flugzeugs ❸.

Verdiente Rast

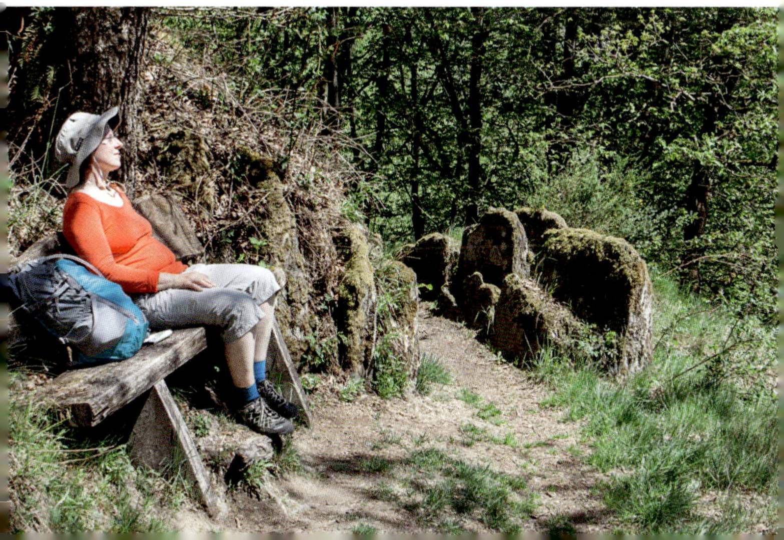

Das Flugzeug im Wald

Hinter dem Zaun sehen Sie die Überreste eines britischen Kampfbombers. Am 21.03.1945 stürzte das Flugzeug an genau dieser Stelle ab. An Bord waren sieben Personen – vier Mann Besatzung und drei belgische Geheimagenten. Letztere sollten bei Erfurt per Fallschirm abspringen, um dort Sabotageakte oder auch Spionage zu betreiben. Das Unternehmen scheiterte jedoch am Wetter und man drehte um. Der Grund für den Absturz blieb ungeklärt. Zeugen berichteten, die Geräusche zweier Flugzeuge und danach MG-Salven gehört zu haben. Allerdings handelte es sich dabei vermutlich um „Friendly Fire“, da sich nur alliierte Flugzeuge in der Nähe befanden. Alle Opfer des Absturzes wurden an Ort und Stelle begraben, einzig der Pilot überlebte.

Am Wrack geht nach rechts undeutlich der Weg weiter. Durch lichten Laubwald läuft ein Pfad bergab. Bald wird der Weg wieder deutlicher und die Markierung führt Sie sicher bis zu einem breiten Wanderweg.

Abzweig zum Campingplatz bei km 6,7: Gehen Sie nach rechts auf einem schmalen Weg an einem Zaun entlang. Wegmarkierung ist die „gelbe Raute auf blauem Grund“. Dann wandern Sie an den Häusern vorbei bis zur Straße. Dort geht es nach rechts, unter der Bahnlinie hindurch und bis zur Hauptstraße. Etwa 250 m nach rechts finden Sie den Campingplatz und eine Bushaltestelle.

Maulusmühle

(Lë: Maulesmillen, Fr: Maulusmühle)

Camping Woltzdal, Maison 12, L-9974 Maulusmühle, 003 52/99 89 38, www.woltzdal.com, info@campingwoltzdal.com, Wanderhütte ab € 50/Nacht (max. 4 Pers.), Verleih von Chalets, Bungalows und Safarizelten, Preise erfragen, April-Okt, Küche tägl. 18:00-20:00, der Aufenthalt ist nur mit Reservierung (48 Std. vorher) möglich, Imbiss mit einfachen Gerichten, Frühstück, Lunchpaket, auf Anfrage Gepäcktransport, Hunde willkommen, Übernachtung € 3,50

Bus 165 (☞ Klerf)

Der Wanderweg führt durch Wiesen, dann einen Treppenweg hinab und zu einer Aussichtsliege (km 7,1).

Der mutige Hase

Im Wald zwischen Maulusmühle und Sassel soll es einmal einen Jäger gegeben haben, der vergeblich die Nacht über auf Wild wartete. Als er schon zusammenpacken und die Jagd verloren geben wollte, sah er plötzlich einen Hasen, der auf ihn zugelaufen kam. „Sehr gut!", dachte da der Jäger und spannte sein Gewehr. Doch im selben Moment, in dem man das Knacken des Hahns vernahm, machte der Hase einen riesigen Satz, ohne die Richtung zu ändern. Das passierte noch einige Male auf gleiche Weise, bis der Hase direkt vor dem Jäger zum Stehen kam und ihn mit großen Augen ansah. Dem Jäger war das unheimlich. Daher schlich er sich davon, ohne den Hasen zu erlegen. So erzählt man jedenfalls die Geschichte.

An der ruhigen Landstraße (km 7,2) laufen Sie am Fahrbahnrand bis zum Bahnübergang. Dahinter links verläuft ein Fußweg entlang der Bahnstrecke bis zum alten Bahnhof von Bockmillen (Lë: Bockmillen).

Von hier aus steigen Sie auf einem sehr steilen Weg bergauf.

☹ Sie sind für einige Meter zwischen einem Stacheldrahtzaun und einer Hainbuchenhecke eingezwängt.

Bald wird der Weg wieder bequemer und Sie erreichen die Anhöhe. Oberhalb der Woltz erwartet Sie ein sehr schöner Weg, der auf und ab führt und Sie immer wieder mit Ausblicken auf das Flusstal belohnt.

Bei km 9,5 kommen Sie wieder im Tal an. Vor Ihnen fließt die Woltz, dahinter schauen Sie auf das ✞ Kloster Fünfbrunnen.

Weiter geht es auf Serpentinen erneut bergauf durch schönen Niederwald bis zu einem Aussichtspunkt bei km 10,3. Von hier aus sehen Sie das eindrucksvolle Kloster besonders gut.

Noch ein wenig wechseln sich Waldflächen, Rodungen und Wiesen ab, bis Sie den Luckeschbach auf einem Steg überqueren. Nach 100 m sehen Sie ein weißes Wohnhaus vor sich, eines der ersten von Ulflingen.

Ulflingen

(Lë: Ëlwen, Fr: Troisvierges)

i Touristeninformation, 46, Rue de Binsfeld, L-9905 Ulflingen, ☏ 003 52/24 51 48 81, www.visittroisvierges.lu, info@visittroisvierges.lu, Mo-Fr 8:00-12:00 und 13:30-17:00, Juli und Aug auch Sa-So 10:00-17:00

Hotel Restaurant Lamy, 51, Rue d'Asselborn, L-9907 Ulflingen, ☏ 003 52/99 80 41, www.lamy.restaurant, info@hrl.lu, ÜF im EZ ab € 90, im DZ ab € 100, ganzjährig, Gastronomie tägl. 12:00-14:00 und 18:00-22:00, Irish Pub 7:30-23:30, Restaurant mit französischer Küche, Pizzeria, Lunchpaket auf Anfrage, Trockenmöglichkeit für Wanderkleidung, abhängig vom Betrieb können Wandernde aus der Umgebung abgeholt werden, Hunde willkommen, Übernachtung € 5.

Camping Troisvierges, Rue Binsfeld, L-9912 Ulflingen, ☏ 003 52/99 71 41, www.camping-troisvierges.lu, info@camping-troisvierges.lu, Wanderhütte bis 2 Pers. € 53, Juli-Aug € 76,50, Zimmer ab € 15, Frühstück € 3-5, Preise fürs Zelten erfragen, ganzjährig, Küche Mo-So 18:00-20:00, Snacks Mo-So 10:00-21:00, Gastronomie mit kleiner Karte und Snacks, Lunchpaket € 5, Waschmaschine und Trockner vorhanden, Frei- und Hallenbad, Christi Himmelfahrt bis 30.09. 10:00-19:00, Erw. € 4, Jug. € 3, Kinder bis 11 J. € 2, 50 % Ermäßigung für Campinggäste, Hunde auf dem Zeltplatz willkommen

Kino und Brasserie Orion, Rue de la Gare, L-9907 Ulflingen, ☏ 003 52/621 57 16 05, www.orion.lu, Brasserie: Di-Sa 10:00-1:00, So 10:00-22:00, Kinoprogramm bitte vor Ort oder im Internet erfragen

Im Dorfkern finden Sie einen Bäcker, zwei Metzgereien, zwei Supermärkte, eine Apotheke, vier Banken und eine Postfiliale.

Allgemeinmediziner Dr. Michel Simon und Allgemeinmedizinerin Dr. Ingrid Pauls, 10, Grand-Rue,
L-9905 Ulflingen, ☏ 003 52/99 73 77

- Augenarzt Dr. Romain Seil, 21, Rue Binsfeld, L-9912 Ulflingen, ☏ 003 52/97 98 35
- Zahnarzt Dr. Jean Sadler, 87, Grand-Rue, L-9905 Ulflingen, ☏ 003 52/99 87 34
- Kleintierpraxis Holper, 12, Rue des Champs, L-9907 Ulflingen, ☏ 003 52/99 70 10

Polizei, 62, Rue d'Asselborn, L-9907 Ulflingen, ☏ 003 52/24 48 72 00

Bus 140, Mo-Sa alle zwei Std., nach Asselborn, Bus 162, Mo-Sa alle zwei Std., nach Klerf, Bus 176, Mo-Sa alle zwei Std., nach Weiler und Hoffelt

Nahverkehrszug und IC (☞ Ettelbrück)

Die Treverinnen und Treverer und der Matronenkult

Ulflingen heißt auf Französisch Troisvierges, was sich mit „drei Jungfrauen“ übersetzen lässt. Das leitet sich vermutlich vom Dreigöttinnenkult der Treverinnen und Treverer ab, die in der vorgallorömischen Zeit das Gebiet des heutigen Luxemburgs besiedelten. Sie waren ein keltisches und ein Reitervolk. Außer Töpferwaren stellten sie auch Münzen her, das belegen Funde. Offenbar handelten sie außerdem mit Waffen, Werkzeugen und

Pferden. Es bestanden bereits Handelsbeziehungen bis nach Rom. Da es keine schriftlichen Überlieferungen der Treverinnen und Treverer gibt, ist über den Matronenkult, wie der Dreigöttinnenkult auch genannt wird, wenig bekannt. Man vermutet jedoch, dass das heutige Ulflingen einmal eine Pilgerstätte gewesen ist.

Wenn Sie vor dem Haus nach rechts weitergehen, finden Sie eine Grillhütte. An der Grillhütte nach links erreichen Sie am Fahrbahnrand entlang zuerst den Campingplatz von Ulflingen, dann den Stadtkern, wo Sie verschiedene Lokale und Geschäfte finden.

Folgen Sie nun der Wegmarkierung über die Sideschlee.

Fotoplatz mit Blick auf Ulflingen (km 11,5)

Bevor Sie dem felsigen Steig wieder bergab folgen, kommen Sie noch an einer Bank vorbei. Nun führt Sie ein Treppenweg bis an das Ufer der Woltz in Ulflingen ❹. Auf der gegenüberliegenden Flussseite können Sie den Campingplatz sehen, es führt hier jedoch keine befestigte Brücke hinüber. Stattdessen erreichen Sie bei km 11,7 einen Tunnel unter der Bahn hindurch.

Wenige Meter nach dem Tunnel gehen Sie über die Woltzbrücke, die Sie dort finden. Ein paar Schritte bergauf und Sie gelangen zu einer Picknickbank am Rande eines Parkplatzes. Gehen Sie weiter nach rechts und überqueren Sie die ruhige Nebenstraße.

Zur Brasserie und dem Kino Orion sowie zum Bahnhof gehen Sie bitte die Straße weiter geradeaus. Entlang der Bahnlinie erreichen Sie diese Einrichtungen nach etwa 600 m.

Hier empfängt Sie ein Schotterweg, dann Treppenstufen und ein Holztor. Erneut steigen Sie zügig bergauf. Der Weg ist angenehm und die Aussicht auf die Stadt lohnt sich. Zur Erholung stehen hier in kurzen Abständen einige Bänke. Sie erreichen die Hügelkuppe, umgeben von Feldern, an denen Ihr Weg auf einer Trittspur entlangläuft. Nach etwa 100 m kommen Sie zu einer Bank.

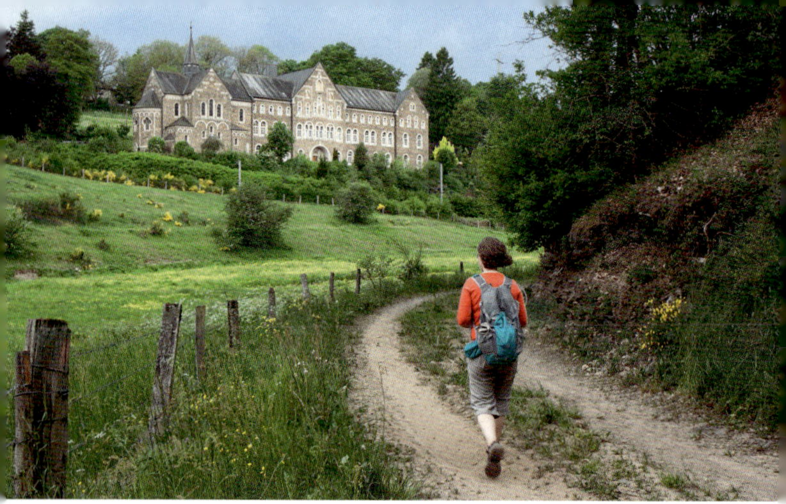

Kloster Fünfbrunnen

Hinter der Bank (km 12,4) läuft der Pfad in den Wald und in einem kleinen Bogen zurück an den Feldrand. Die Markierung fehlt hier. Ab dem Ackerrand ist die Markierung dann wieder zuverlässig.

Am Ehrenmal für die Opfer des Krieges (km 12,5) biegen Sie entsprechend der Markierung nach links ab.

Das Hotel Restaurant Lamy erreichen Sie, wenn Sie am Denkmal nach rechts gehen und der Straße 500 m folgen.

Verschlossene Hütte mit Bank und Feuerstelle, schöner Picknickplatz. Das Vordach der Hütte kann als Unterstand bei Regen benutzt werden (km 12,7).

Nach einer kurzen, etwas steileren Passage abwärts gelangen Sie zu einer T-Kreuzung, wo Sie sich nach links aufwärts halten. Nach 200 m verlassen Sie die Straße (km 13,5) und gehen links auf einem schmalen Pfad zum Kloster Fünfbrunnen (Lë: Pafemillen, Fr: Cinqfontaines) ❺ (km 14).

✞ ⌘ Kloster des Ordens Herz Jesu und benachbart ein Mahnmal für die deportierten luxemburgischen Juden

Der Weg führt nun über die Zufahrtsstraße des Klosters zurück zur Straße, wo Sie links abbiegen und für etwa 300 m dem Straßenverlauf folgen. Bei km 14,5 geht es nach links auf einem asphaltierten Forstweg zum ehemaligen Klosterfriedhof und Mahnmal für die deportierten luxemburgischen Juden (km 14,8). Der Forstweg führt Sie leicht bergab nach Sassel.

Fluchthelfer

Am Wegrand finden Sie rund um Ulflingen Wegweiser, die auf den Fluchthelferweg hinweisen. Diese Wanderung wurde als Themenweg von der Gemeinde angelegt. Als im Jahr 1942 der Naziterror auch in Luxemburg immer schlimmere Formen annahm, blieb für viele Zwangsrekrutierte und Widerständlerinnen und Widerständler nur die Flucht nach Belgien, da das Regime dort weniger restriktiv vorging. Ulflingen liegt direkt in Grenznähe. Unter der Bevölkerung gab es einige Mutige, die den Flüchtenden den Weg über die Grenze zeigten – einige bezahlten dafür mit dem Leben.

Sobald Sie den Tretterbach über die Brücke gequert haben, erreichen Sie die Landstraße zwischen Maulusmühle und Sassel. Der Verkehr ist nicht besonders stark, ✋ dennoch sollten Sie hier auf Fahrzeuge achtgeben. Nach links geht es nach Sassel ❻ (km 16,2).

Der Tretterbach

Der Tretterbach war einmal ein sehr fleißiger Bach, denn durch ihn wurden die Trottener Mühle sowie die Neumühle bei Hoffelt, die Lehresmühle, die Asselborner Mühle und die Mühle von Sassel zum Leben erweckt. Heute sind diese Mühlen nicht mehr in Betrieb bzw. längst zerfallen, die Asselborner Mühle ist ein Museum. Dennoch ist der Tretterbach immer noch ein wichtiger Bach. Zwischen dem Bois du Maister östlich von Bourcy, wo er entspringt, und Sassel, wo er in die Klerf mündet, bildet das Gewässer eine einzigartige Naturlandschaft, die teilweise unter Naturschutz steht.

Sassel 🚌

(Lë: Saassel, Fr: Sassel)

🚌 Bus 165 (☞ Klerf)

Noch bevor Sie das Dorf betreten, biegt ein Wanderweg links von der Straße ab und führt Sie in zwei Kehren auf halbe Höhe des Boxhornplateaus.

Hier wandern Sie durch den Wald, unter sich den Tretterbach, an dem Sie sich nun für den Rest der Etappe orientieren können.

Zunächst laufen Sie auf einer schmalen Trittspur mit vielen Blumen längs des Weges, dann auf einem breiten Forstweg, der bei km 17,3 in einen weiteren Forstweg mündet.

Hier findet sich keine Markierung. Halten Sie sich links. Nach ein paar Metern sehen Sie wieder zuverlässige Wegzeichen.

Sie kreuzen bei km 17,8 die Landstraße nach Boxhorn.

Hier herrscht wenig Verkehr. Seien Sie bitte trotzdem vorsichtig.

Auf der anderen Straßenseite führt Sie ein Fußweg an einem lieblichen Bach entlang, der in den Tretterbach mündet. Am Zusammenfluss beider Bäche laufen Sie über die Tretterbachbrücke und gelangen wieder fast zur Landstraße (km 18,2). Kurz vor ihr biegt ein schmaler Wiesenpfad ❼ nach links ab. Folgen Sie diesem entlang der Weidezäune ins Tretterbachtal.

Der Tretterbach ist nun das landschaftsprägende Element, das Sie begleitet. Mit etlichen kleinen Mäandern und Verzweigungen hat der Bach ein einzigartiges Biotop geschaffen.

Bei km 20 erreichen Sie wieder eine Straße.

Um nach Asselborn zu gelangen, wenden Sie sich nach rechts und bei der nächsten Gabelung nehmen Sie die linke Straße. Nach etwa 900 m erreichen Sie den Ort. Hier finden Sie ein Hotel, das zur Asselborner Mühle gehört und dort auch gebucht werden muss.

Asselborn

(Lë: Aasselbur, Fr: Asselborn)

Bus 140 nach Ulflingen, Bus 162 nach Ulflingen und Klerf

Asselborner Schiefer

Viele Jahrhunderte lang brach man in Asselborn Schiefer. Zuerst wurde ein Schieferbruch nur von der Bevölkerung für den Eigenbedarf betrieben. Als jedoch ein belgischer Schieferhauer um 1860 auf die gute Qualität des Asselborner Schiefers aufmerksam wurde, dauerte es nicht mehr lange, bis ein industrieller Abbau folgte. Verschiedene Eigentümer betrieben hier zuerst Tagebau, dann wurden auch Schächte in den Fels getrieben. Als schließlich das Grundwasser immer stärker in das Bergwerk einbrach, wurde die Grube aufgegeben. Seit 1970 ruht die Förderung von Schiefer. Dafür fördert man nun etwas anderes aus der Grube: Trinkwasser.

Bis zum Ende der Etappe, das Sie bei km 20,1 erreichen, erleben Sie die natürliche Vielfalt dieses Ortes. Am Abzweig ↳ weiter geradeaus kommen Sie zur 🛏 ✕ ⌘ Asselborner Mühle.

Asselborner Mühle 🛏 ✕ ⌘

(Lë: Aasselburer Millen, Fr: Moulin d'Asselborn)

🛏 ✕ Domaine du Moulin d'Asselborn, Maison 158, L-9940 Asselborn, ☎ 003 52/99 86 16, 💻 www.hotelvieuxmoulin.lu, ✉ resa@hotelvieuxmoulin.lu, ÜF im EZ ab € 79,20, im DZ ab € 92,10, 🚪 April-Sep, Restaurant Mi-Mo 12:00-14:00 und 18:30-21:00, Fr-So nachmittags Tea Room mit Pfannkuchen, Kuchen und hausgemachten Torten, gehobene regionale und französische Küche und hochwertige Fischgerichte, Lunchpaket auf Anfrage, 🧳 Gepäckservice, 🐕 Hunde willkommen, Übernachtung € 15, ⌘ Mühlenmuseum: 🚪 April-Sep, € 2, Führung für angemeldete Gruppen € 60/Std.

Asselborner Mühle

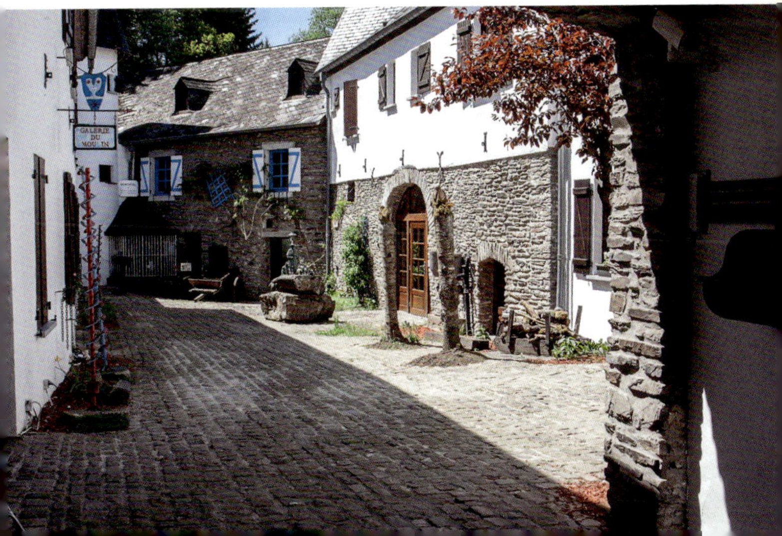

Asselborner Mühle

Die Asselborner Mühle war einst eine Bannmühle, in der Korn gemahlen wurde. Als Bannmühle bezeichnete man eine Mühle, die einem Gutsherrn gehörte und zu dem die umliegenden Bauersleute „gebannt" waren, d. h., dass sie nur dort ihr Korn mahlen durften. Außerdem waren sie der Herrschaft zu Pachtzins für das Mühlengebäude und das Wasserrecht verpflichtet. Im Gegenzug musste der Müller sich „freundlich und lieblich" verhalten, wie es in einer Schrift von 1591 heißt. Das war nicht immer einfach: So ist überliefert, dass der Meier – das war der Verwalter des Gutsherrn – und der Müller von Asselborn einst aneinandergerieten. Der Meier wurde handgreiflich gegen die Müllerin und biss zudem dem Müller in den Daumen. Wer da noch lieblich bleibt, hat sicher starke Nerven. Heute ist die Mühle ein Hotel mit vorzüglichem Speiselokal und einem sehenswerten Mühlenmuseum.

2. Etappe: Variante bei Hochwasser

19,1 km, 5 Std. 45 Min., ↑ 591 m, ↓ 574 m, ⇧ 370-503 m

0,0 km	⇧ 407 m	Abzweig nach Klerf WC (ca. 500 m)
5,5 km	⇧ 463 m	Flugzeugwrack
5,7 km	⇧ 394 m	Abzweig nach Maulusmühle (300 m)
10,9 km	⇧ 406 m	Ulflingen
13,0 km	⇧ 417 m	Kloster Fünfbrunnen
13,8 km	⇧ 424 m	ehemaliger Klosterfriedhof
15,2 km	⇧ 394 m	Sassel
19,0 km	⇧ 420 m	Abzweig nach Asselborn (900 m)
19,1 km	⇧ 419 m	Asselborner Mühle

Bei Hochwasser wird das Wegstück hinter Klerf durch die Flussau der Woltz überspült. Daher müssen Sie in diesem Fall frühzeitig ausweichen. Der alternative Weg ist leider nicht besonders schön, denn Sie wandern für 1,6 km entlang der stark befahrenen Straße. Danach wird die Variante angenehmer.

Als Aufmunterung: Die heutige Etappe verkürzt sich durch die Ausweichstrecke um 1 km, sodass Sie die folgenden landschaftlichen Höhepunkte etwas erholter genießen können.

An der Klerfbrücke bei km 1 weichen Sie vom regulären Weg ab und biegen nach links ab. Sie kommen zur belebten N18 und wenden sich hier nach rechts.

Hier nach links erreichen Sie das Hotel des Nations, den Bahnhof und auch eine Bushaltestelle (Buslinien ☞ Klerf und Züge ☞ Ettelbrück).

Der Gehweg führt Sie bei km 1,3 an einer kleinen Kapelle und einer Bushaltestelle vorbei, ansonsten dominieren Gewerbebetriebe den Anblick.

An der Haltestelle müssen Sie die Straße überqueren, da der Gehweg auf der anderen Straßenseite weitergeführt wird. Die Straße ist viel befahren, seien Sie daher sehr vorsichtig!

Nach 600 m zweigt nach rechts die Landstraße nach Maulusmühle ab. Dieser folgen Sie am Straßenrand.

Auch hierfür müssen Sie die N18 queren. Die abzweigende Landstraße ist ebenfalls belebt und oft unübersichtlich, Sie gehen hier im Bankett neben der Fahrbahn. Geben Sie beim Überqueren und entlang der folgenden Strecke bitte auf den Verkehr acht.

Rechts neben Ihnen tut sich das schöne Woltztal auf. Dieses verlassen Sie bei km 2,3 und folgen links der Straße Richtung Asselborn/Boxhorn. Noch 300 m durch eine lang gezogene Linkskurve, dann sehen Sie auf der rechten Seite eine Bank, neben der ein Feldweg einmündet. Wechseln Sie hier vorsichtig die Straßenseite.

Der Feldweg läuft durch Felder und Viehweiden bis zum Waldrand. Hier, bei km 3, stehen Sie an einer T-Kreuzung. Gehen Sie weiter nach rechts in den Wald. Zu Ihrer Rechten schimmert noch die Weide durch das Unterholz. Dann knickt der Weg nach links ab und Sie finden bei km 3,1 auf der rechten Seite einen einmündenden Pfad. ☺ Dies ist der reguläre Weg, der hier auf die Forststraße trifft. Für Sie geht es weiter geradeaus, nun wieder mit der bekannten Wegmarkierung. Folgen Sie ab hier wieder der Beschreibung von der ☞ 2. Etappe, Seite 91.

3. Etappe: Asselborner Mühle – Houffalize

➲ 20,3 km, ⌛ 6 Std., ↑ 318 m, ↓ 397 m, ⇧ 336-511 m

0,0 km	⇧ 419 m	Asselborner Mühle
1,3 km	⇧ 417 m	Lehresmühle
3,5 km	⇧ 428 m	Weiher von Weiler und Abzweig nach Weiler (400 m)
5,5 km	⇧ 447 m	Hoffelt
8,3 km	⇧ 489 m	luxemburgisch-belgische Grenze
9,8 km	⇧ 464 m	Buret
11,8 km	⇧ 448 m	Bernistap
13,9 km	⇧ 425 m	Tavigny
18,0 km	⇧ 429 m	Schutzhütte
18,7 km	⇧ 350 m	Moulin de l'Ermitage ⌘
20,3 km	⇧ 340 m	Houffalize BANK ⌘

Schon während der letzten Etappe hat sich der Charakter der Landschaft völlig verändert. Bis zur belgischen Grenze wandern Sie nun hauptsächlich auf dem Wintgerplateau. Sachte Hügel und ein wunderbarer Fernblick bestimmen die Landschaft. Und eine erstaunliche Sehenswürdigkeit erwandern Sie obendrein: den Maas-Mosel-Kanal bei Hoffelt und Bernistap, der heute ein einzigartiges Naturreservat ist. Die sanfte, jedoch immer abwechslungsreiche Gegend führt Sie über Tavigny – ein typisch belgisches Ardennendorf – schließlich zur Ourthe bei Houffalize, wo Sie die Etappe beschließen.

Beginnen Sie diese Etappe nahe der Asselborner Mühle. Sie biegen rechts ab bzw. von der Mühle kommend biegen Sie jenseits der Brücke über den Tretterbach nach links in den ⌘ Skulpturenpark ab.

Für einen knappen Kilometer folgen Sie nun dem Verlauf des Tretterbachs, unterqueren bei km 1,1 die Fernstraße N12 und gelangen über eine Viehweide mit Umlaufgitter hinauf zu einer Aussichtsliege oberhalb von Lehresmühle ❶ (km 1,5).

Lehresmühle

(Lë: Leeresmillen oder Léresmillen, Fr: Lehresmühle)

Sortengarten bei Emeschbach

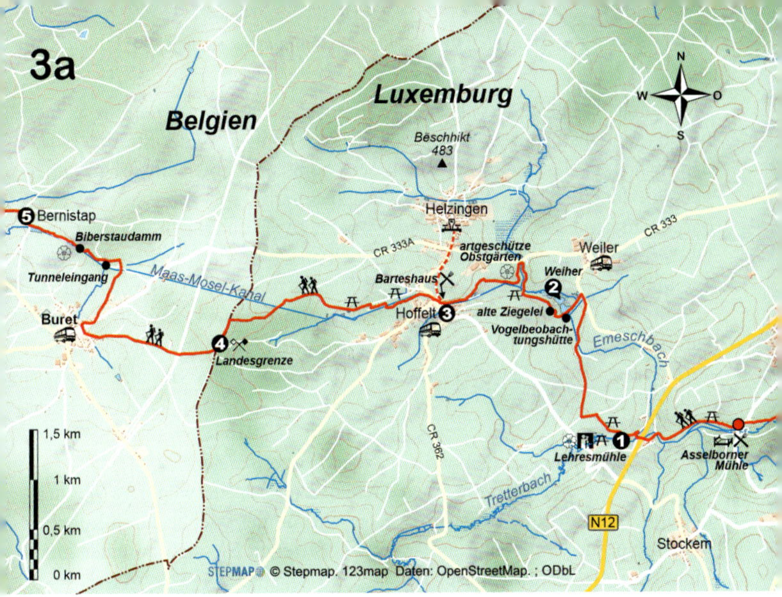

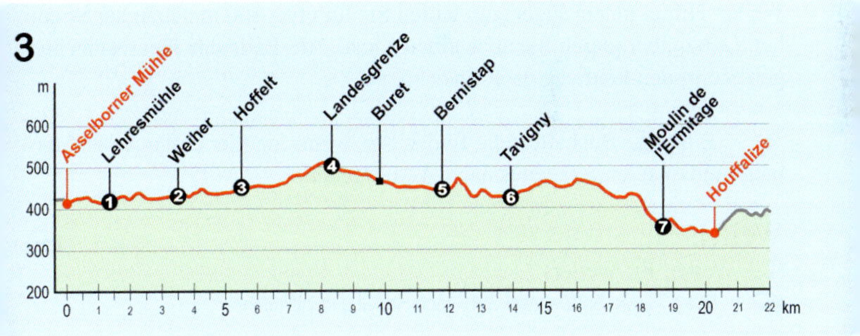

Die Wintger-Pflaumen

Vom Aussichtspunkt schauen Sie hinunter auf die Flussmäander des Tretterbachs und auf den Hof, der an der Stelle der alten Lehresmühle errichtet wurde. Die Mühle existiert nicht mehr, wohl aber können Sie anhand von Hecken den Verlauf des alten Mühlkanals erkennen.

Was auch nicht uninteressant ist, ist der Sortengarten, der sich hinter Ihnen befindet. Schauen Sie den Hang hinauf in Richtung des Dorfes

Emeschbach (Lë: Éimeschbaach, Fr: Emeschbach), dann sehen Sie Reihen mit jungen Obstbäumen. In der Gegend von Wintger, in der Sie sich befinden, war die Pflaume immer schon ein überaus beliebtes Obst. Um die 20 verschiedenen Pflaumensorten wurden überliefert. Man kochte Mus daraus, machte die Früchte ein oder trocknete sie zu Dörrobst und brannte Obstschnaps daraus. Um die traditionellen Obstsorten zu bewahren und auch um die Öffentlichkeit für dieses Thema zu sensibilisieren, wurde der Sortengarten mit 56 verschiedenen Pflaumenbaumsorten angepflanzt. Und natürlich sind auch die Wintger-Pflaumen mit dabei. Ein weiterer Sortengarten liegt in der Nähe des Barteshauses in Hoffelt, wo Sie in Kürze vorbeikommen werden.

Sie bleiben nun weitgehend auf dem Wintgerplateau.

Bei km 1,8 erreichen Sie einen ehemaligen Postreiterweg. Die Wegmarkierung leitet Sie zuverlässig, der Weg wird immer wieder durch Informationstafeln zur Umgebung aufgelockert. Erfreuen Sie sich an einer guten Sicht über die offene Landschaft.

Entlang des Emeschbachs erreichen Sie bei km 3,1 die Landstraße nach Weiler. Hinter einem Jägerzaun laufen Sie für etwa 100 m neben der Straße her. Dabei überqueren Sie auch einen Kanal. Am Ende des Jägerzauns biegen Sie in den Feldweg nach links ab.

Eine Bushaltestelle finden Sie, wenn Sie hier entlang des Fahrbahnrands weiter geradeaus nach Weiler gehen.

Weiler

(Lë: Weiler, Fr: Weiler)

Bus 176, Mo-Sa alle zwei Std., nach Hoffelt und Ulflingen

Bei km 3,5 gelangen Sie zu den naturgeschützten Weihern von Weiler ❷, wo Sie eine Beobachtungshütte für Wasservögel mit Blick auf einen der Weiher finden. Auf Infotafeln erfahren Sie Wissenswertes über die Bannmühle und die Überreste der Ziegelei, an denen Sie bei km 3,7 vorbeikommen. Hier finden Sie auch eine Picknickbank.

Nach kurzem Weg treffen Sie bei km 4,1 auf den ⌘ Maas-Mosel-Kanal.

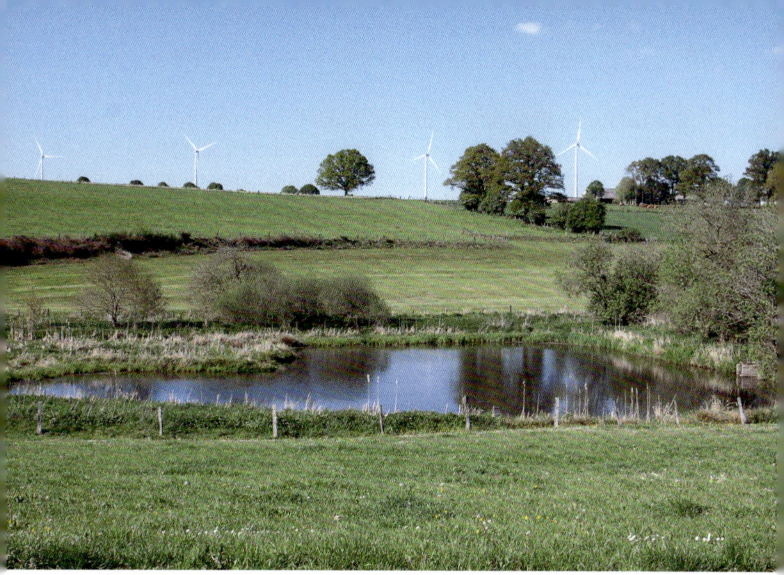

Die Weiher von Weiler

Der Maas-Mosel-Kanal

Neben sich sehen Sie einen Kanal, der scheinbar nicht besonders spektakulär ist. Das täuscht! Denn nicht weniger als einen Kanal zwischen der Maas und der Mosel versuchte man zwischen 1827 und 1831 anzulegen. Am Ortseingang von Hoffelt, aber auch wenn Sie den Ort wieder verlassen, werden Sie entlang der letzten Überreste dieses großen Unternehmens auf Luxemburger Seite wandern. Bei Bernistap finden Sie einen weiteren Abschnitt. Ursprünglich lief der Kanal durch Hoffelt hindurch, 1964 aber entschloss man sich, die Zweiteilung des Dorfes zu beenden, und schüttete den Kanal im Ort zu.

Zwischen dem belgischen Bernistap und Hoffelt war ein Tunnel geplant, der jedoch nur zum Teil fertiggestellt werden konnte. Und von Bernistap aus sollte der Kanal bis nach Houffalize zur Ourthe vorangetrieben werden. So sollte die Verbindung von Lüttich über Ourthe und Tretterbach zur Klerf hergestellt werden. Von dort lässt sich über Wiltz und Sauer bei Wasserbillig die Mosel erreichen. Nicht genug, dass dafür ein Kanal von 261 km durchs Gebirge gebaut werden sollte. Auch musste ein Höhenunterschied von 440 m hinauf und 370 m wieder hinunter mit weit über 200 Schleusen ausgeglichen werden. Ein enormes Unternehmen also.

Die belgische Revolution, aber auch die Eisenbahn, die nach und nach dem Transport auf dem Wasser Konkurrenz machte, stoppten den Kanalbau. Heute stellen die verbleibenden Wasser- und Tunnelbauten einzigartige Biotope dar, die Wassertieren und Fledermäusen ein Zuhause bieten.

Der Graspfad, der bald parallel zum Kanal verläuft, führt vorbei an den unter Artenschutz stehenden ❀ Obstgärten des Barteshauses und zum Ortsrand von Hoffelt ❸.

Hoffelt

(Lë: Houfelt, Fr: Hoffelt)

Barteshaus CAFÉ Hoffelt, 29 Am Huälleweeg, L-9960 Hoffelt, ☎ 003 52/621 48 19 00, www.facebook.com/barteshaus29/, Mi-So 10:00-00:45, variable Küche

Bus 176, Mo-Sa alle zwei Std. nach Weiler und Ulflingen

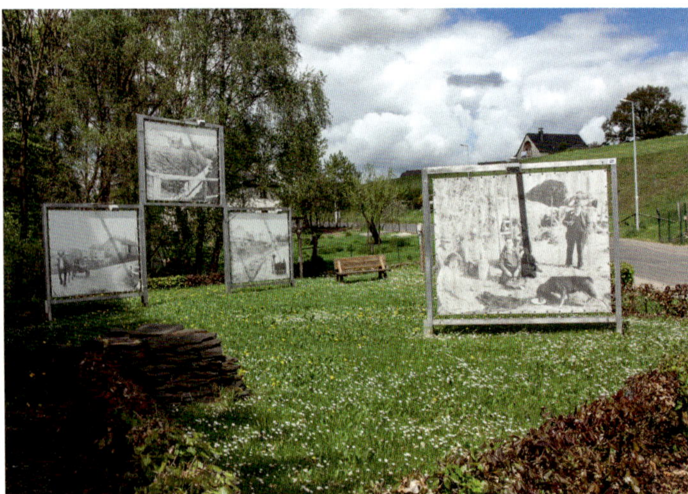

Bildergalerie in Hoffelt

Um nach Helzingen zu gelangen, gehen Sie direkt hinter dem Barteshaus rechts die steile Straße hinauf und folgen dann für 600 m dem Straßenverlauf.

Helzingen

(Lë: Helzen, Fr: Hachiville)

Shell-Tankstelle mit Lebensmittelladen, 5, Hachiville, L-9956 Helzingen, tägl. 8:00-19:00

Auf dem Trail gehen Sie bis zum Spielplatz weiter geradeaus, dann wenden Sie sich nach rechts, laufen auf die Kreuzung zu und in die Grünanlage mit der Fotoausstellung über das bäuerliche Leben vor drei Generationen.

Hinter der Bank sehen Sie schon ein markiertes Holztor, durch das Ihr Weg führt. Sie folgen nun wieder dem Maas-Mosel-Kanal.

Erholungsliege bei km 6

Nachdem Sie bei km 6,2 die steile Böschung überwunden haben, gelangen Sie erneut auf das Plateau und laufen dort über den geteerten Feldweg, bis links der Waldrand beginnt. Dort geht bei km 7,1 die Teerstraße in eine Treckerspur über.

Nach nicht ganz 1 km mündet diese in eine T-Kreuzung, von wo eine breite Schotterstraße nach rechts und links verläuft. Dies ist die luxemburgisch-belgische Grenze, deren Verlauf Sie nach links folgen.

Die belgisch-luxemburgische Grenze

Dem heutigen Grenzverlauf geht eine lange Geschichte voraus. Nachdem Napoleon große Teile Europas seinem Reich einverleiben konnte, stand nach seiner endgültigen Niederlage beim Wiener Kongress (1814) eine Neuaufteilung an. Preußens Grenzen reichten nun bis zur heutigen Ostgrenze Luxemburgs und die Flüsse Our, Sauer und Mosel wurden zu Grenzflüssen. Dabei verlor Luxemburg die Städte St. Vith und Bitburg und bekam im Ausgleich Teile des Fürstentums Lüttich und etwa die Hälfte des Herzogtums Boullion. Das heutige Belgien und die Niederlande waren zu dieser Zeit zum Königreich der Vereinigten Niederlande zusammengeschlossen. Dessen Herrscher Wilhelm I. war König der Niederlande und ab nun auch Großherzog von Luxemburg.

Doch allzu viel Zeit hatten die neuen Luxemburger Bürgerinnen und Bürger nicht, um sich dem Großherzogtum zugehörig zu fühlen, bevor die nächste Umverteilung stattfand. Durch die Belgische Revolution

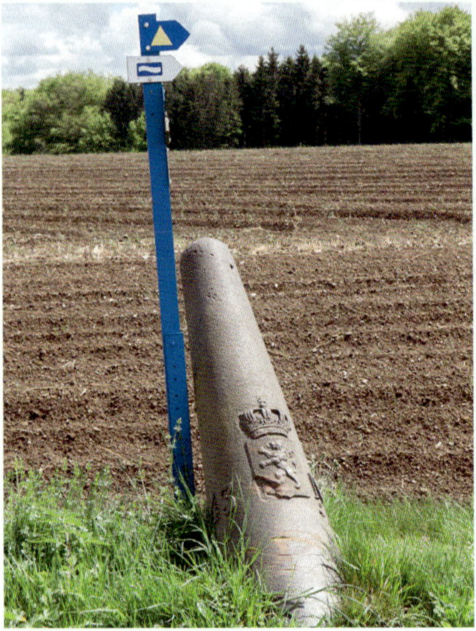

An der Grenze zu Belgien

1830 wurde Belgien unabhängig und Teile des Großherzogtums abgespalten und zu belgischem Staatsgebiet. Auslöser waren Unruhen der belgischen und luxemburgischen Bevölkerung, die Wilhelm I. vorwarfen, die Niederlande zu bevorzugen. Heute liegen die Distrikte Arlon, Bastogne, Marche, Neufchâteau und Virton ganz selbstverständlich in Belgien und nur der Name der belgischen Provinz Luxembourg erinnert noch an die Wirren der Geschichte.

An der nächsten Abzweigung nach rechts (km 8,3) überschreiten Sie die ⚒ Landesgrenze ❹. Rechts Wald, zur Linken Weidefläche sehen Sie in 500 m eine Bahntrasse vor sich, die Sie kreuzen.

🚲 Die Bahnlinie Bastogne – Gouvy existiert schon lange nicht mehr. Stattdessen hat man den alten Gleiskörper geteert und zu einem Panoramaradweg ausgebaut. Nähere Informationen finden Sie unter 💻 www.bahntrassenradeln.de.

Entlang der Wegmarkierungen führt Sie der Weg nach der ehemaligen Bahntrasse weiter geradeaus nach Buret, wo Sie bei km 9,5 die ersten Häuser erreichen.

Buret 🚌 ✝

🚌 Bus 163d nach Tavigny-Gouvy oder nach Bastogne, Mo-Fr einmal tägl.

Bei km 9,7 mündet die Straße im Ort auf eine weitere Dorfstraße, der Sie nach rechts folgen.

Falls Sie die Bushaltestelle erreichen möchten, wenden Sie sich hier nach links. Die Haltestelle ist nur wenige Meter entfernt.

Zur Linken auf dem Hügel sehen Sie die Kirche des Dorfes, Saint-Hubert. Gehen Sie am Straßenrand bis zur nächsten Kreuzung.

Bitte überqueren Sie die viel befahrene Hauptstraße in aller Vorsicht!

Auf der gegenüberliegenden Straßenseite zweigen zwei Straßen ab. Entscheiden Sie sich hier für die Straße nach rechts. Nach einem Rechtsknick und vorbei an weiteren Häusern von Buret erreichen Sie bei km 9,9 erneut die Hauptstraße.

Biegen Sie bitte nach links ab. Bald verlassen Sie Buret und wandern zwischen Wiesen und Feldern hindurch, bis Sie schließlich den Waldrand erreichen. Bei km 10,5 betreten Sie den Wald, der ein Naturreservat beherbergt.

Nach ein paar Schritten finden Sie einen holprigen Fußpfad, der links in den Wald führt.

Hier beginnt an einem Holztor das Naturreservat entlang des Kanals von Bernistap.

Herrliche Natur erwartet Sie nun. Ein kurzes Stück laufen Sie durch ursprünglichen Wald, dann, nach ein paar Treppenstufen, stehen Sie am Rande des Kanals und sehen dort den Eingang zum Tunnel, der in Hoffelt zutage kommen sollte.

Der gut markierte Pfad führt Sie vorbei an Biberburgen, umgestürzten Bäumen mit Nagespuren und durch dichte Himbeerhecke. Eindrucksvoll lässt sich ermessen, wie viel Erdreich einst bewegt wurde, um den Kanal auszuheben. Über den dabei entstandenen Damm verläuft für eine Weile Ihr Weg.

☺ Nach Regenfällen sollten Sie sich eine Regenhose anziehen, sonst werden Sie unweigerlich – wegen des hohen Strauchwerks – bis auf die Knochen nass!

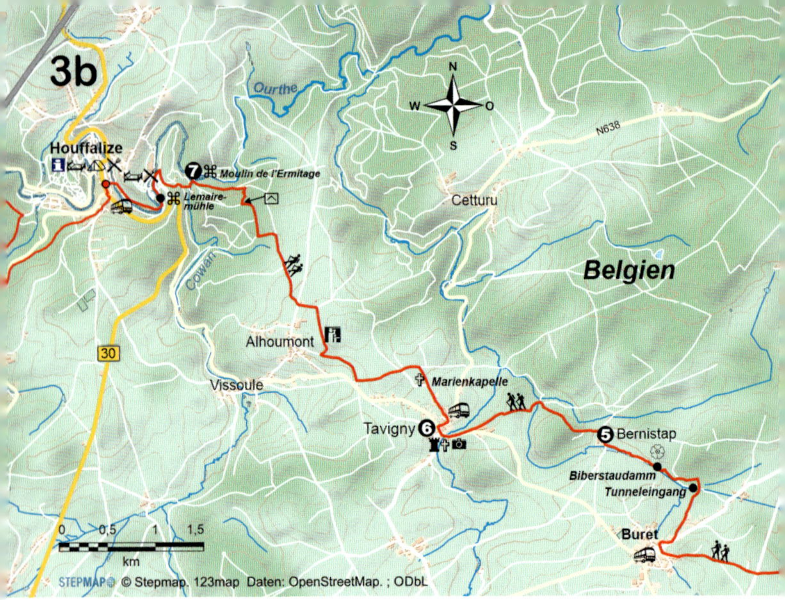

Ein weiteres Holztor am Rande von Bernistap ❺ beendet Ihren Ausflug ins Reservat.

Über die Dorfstraße gehen Sie bis zur Kreuzung am Ortsausgang, wo Sie nach links abbiegen.

Eine mit Gras bewachsene Treckerspur führt zwischen Kuhweiden hindurch, die Landschaft wird ein bisschen lebhafter, sanfte Hügel umgeben Sie. Sie queren einen Bach, der sich links des Weges zum Feuchtgebiet aufstaut. Dann steigt der Weg ein wenig an und Sie erreichen einen Bauernhof. Auf dem Pfad neben der Straße kommen Sie nach Tavigny ❻.

Tavigny

🚌 Bus 163d nach Bastogne, Mo-Fr einmal tägl., Busse 163d/2 und 163d/3 (☞ Houffalize)

Das Schloss von Tavigny

Burgen und Schlösser haben Sie auf der Wanderung schon eine ganze Reihe gesehen. Das Schloss von Tavigny war nicht nur Adelssitz, sondern beherbergte für eine Weile auch die Bauleitung des ☞ Maas-Mosel-Kanals. Ursprünglich als Fluchtturm errichtet, wurde das Gebäude zum

Schloss der Herren von Tavigny erweitert. Diese gaben auch dem Ort seinen Namen. Ab dem 14. Jh. war das Schloss Sitz der Luxemburger Adelsfamilie von Ouren. Da es mittlerweile privat bewohnt wird, können Sie es leider nur von außen besichtigen.

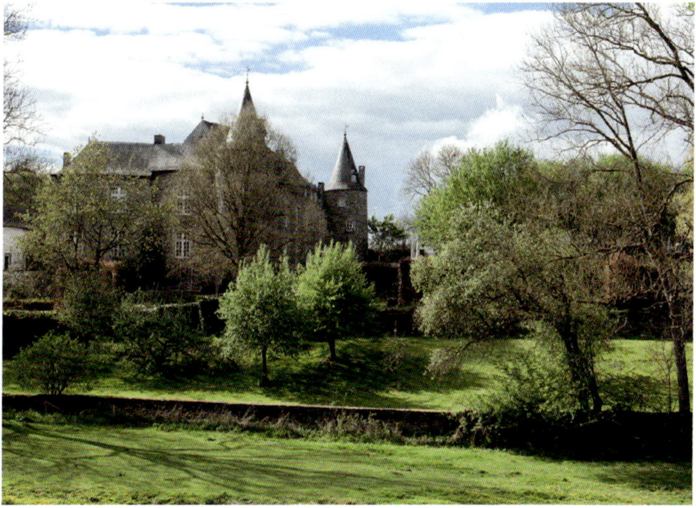

Das Schloss von Tavigny

Vorbei an einer überdachten Picknickbank umrunden Sie das eindrucksvolle Schloss größtenteils, indem Sie zunächst am Fahrbahnrand dem Straßenverlauf folgen und dann neben der Kirche nach rechts in die Straße Richtung Gouvy und Cetturu abbiegen.

Sie durchqueren das Dorf noch ein wenig , vorbei an einigen Bushaltestellen und einer Marienkapelle, bevor Sie auf einem Feldweg am Dorfausgang bergan steigen.

Aussichtspunkt mit schönem Rundumblick (km 16)

Die Dörfer Vissoule und Alhoumont lassen Sie dabei links liegen. Schließlich laufen Sie bei km 16,6 unter der Hochspannungsleitung hindurch auf ein Waldstück mit Namen Les Blancs Bois oder Witte Bossen zu.

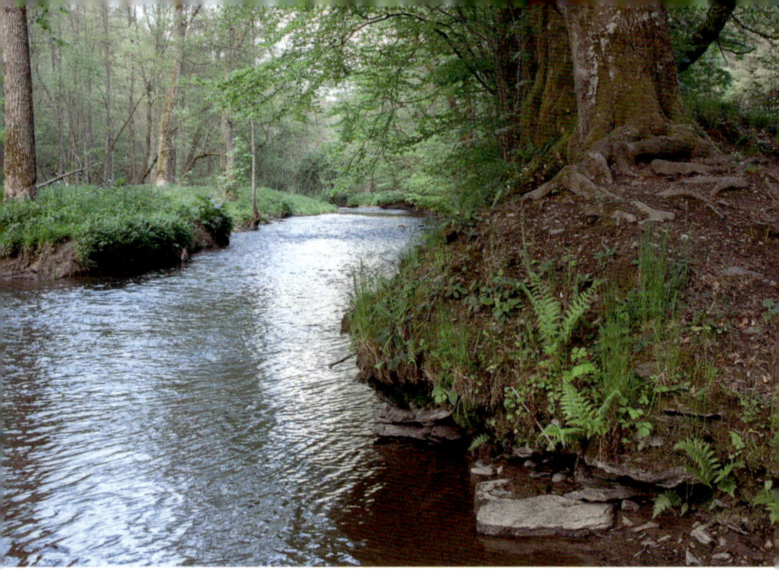

An der Ourthe

⌂ Bei km 18 finden Sie eine Schutzhütte.

Wenn Sie den Wegzeichen weiter folgen, gelangen Sie bei km 18,7 erstmals an die Ourthe. Diese bleibt nun bis zum Ende des Trails Ihr Begleiter.

Zunächst überqueren Sie den Zufluss Cowan, an dessen Ufer einst die ⌘ Kornmühle Moulin de l'Ermitage ❼ ihren Dienst tat.

Moulin de l'Ermitage

Das Gebäude der Kornmühle sehen Sie noch am Flüsschen Cowan stehen, auch das Wasserrad existiert noch. Die Mühle wird jedoch nicht mehr benutzt und die gusseisernen Schaufeln sind mittlerweile längst verrostet. Nachdem sie während der Ardennenoffensive stark beschädigt worden war, ließ man die Mühle wieder errichten. Die letzten Müller waren die Brüder Emile und Léopold Grommersch. Inzwischen ist die Mühle im Privatbesitz, kann also leider nicht besichtigt werden.

Noch ein letztes Mal steigt der Weg an, bis er in einen steinigen Pfad übergeht und Sie bergab das Tal von Houffalize erreichen. Gegenüber dem 🛏 Hotel Vayamundo am Ourtheufer gelangen Sie in die Stadt.

Die Ardennenoffensive

Immer wieder sind Sie entlang von Lee und Eislek Trail an Zeugnissen der Ardennenoffensive vorbeigekommen. Hier in Houffalize ist das, was Sie nicht sehen, was am deutlichsten an diese letzten Tage des Zweiten Weltkriegs erinnert. Es gibt in Houffalize so gut wie keine historischen Gebäude mehr.

Im Winter 1944/45 war der Krieg schon so gut wie entschieden. Die Westalliierten waren in der Normandie gelandet, man rechnete mit einer baldigen Kapitulation Nazideutschlands.

In dieser Situation schickte die Wehrmachtsführung noch einmal Zehntausende in den Tod und startete am 16. Dezember 1944 einen überraschenden Ausfall an der Westgrenze in Richtung Antwerpen. Dort wollte man den alliierten Versorgungshafen besetzen. Mit äußerster Brutalität und Massakern an der Bevölkerung und an wehrlosen gegnerischen Soldaten verschob man die Frontlinie in einem weiten Bogen, bis der deutsche Ausfall kurz vor Dinant an der Maas zum Stillstand kam. Eine Woche war vergangen, sechs weitere Wochen des Rückzugsgefechts sollten noch folgen.

Dass die Offensive überhaupt möglich war, lag an einer dichten Wolkendecke, die die US-Luftwaffe an den ersten Tagen am Einsatz hinderte. Dann klarte das Wetter auf und machte den Einsatz von Kampfbombern möglich. Houffalize wurde dabei fast vollständig zerstört.

Es ist überliefert, dass, nachdem der Spuk vorbei war, der US-General George Patton entsetzt vom Anblick der Stadt die folgenden Worte notierte:

„Little town of Houffalize,
here you sit on bended knees,
God bless your people and keep them safe,
especially from the RAF."

Übersetzt:
„Kleine Stadt Houffalize,
hier sitzt du auf gebeugten Knien,
Gott segne deine Menschen und bewahre sie in Sicherheit,
besonders vor der Royal Air Force."

Während Sie nach links am Fluss entlanggehen, sehen Sie am Ufer bei km 19,5 die Überreste einer weiteren ⌘ Mühle, nämlich der Lemairemühle. Das unterschlächtige Mühlrad und der Mühlengraben sind noch vorhanden.

Sie laufen nun durch die Stadt. Es geht vorbei am Busbahnhof zur Ourthebrücke. Hier, bei km 20,1, steht ein ⌘ Denkmal für Henri Sebald. Er war Brigadier der französischen Armee im Ersten Weltkrieg und der erste französische Soldat, der auf belgischem Gebiet fiel.

Wenn Sie hier weiter geradeaus und dann links gehen, erreichen Sie den Stadtkern, das Touristenbüro und einige Hotels und Restaurant sowie einen Supermarkt.

Außerdem finden Sie eine Picknickbank und eine Postfiliale, wenn Sie über die Brücke gegangen sind. Sobald Sie die Treppe emporgestiegen sind, die nun vor Ihnen liegt, haben Sie die heutige Etappe geschafft. Von hier aus erreichen Sie alle wichtigen und interessanten Plätze in Houffalize.

Houffalize

Touristenbüro Houffalize Royal Syndicat d'Initiative, Place de Janvier 45, B-6660 Houffalize, ☏ 00 32/(0)61/28 81 16, https://www.houffalize-tourisme.be, info@houffalize-tourisme.be, tägl. 9:00-13:00 und 13:30-16:30 (Sa-So bis 18:00), Juli und Aug 9:30-13:00 und 13:30-17:30 (Sa-So bis 18:00), 1.01. geschlossen, Rundgang durch Houffalize als Broschüre in Französisch und Niederländisch erhältlich, € 1,50, Verkauf von Wanderkarten der Umgebung

Hôtel du Commerce, Rue du Pont 10, B-6660 Houffalize, ☏ 00 32/(0)61/28 96 86, cocoonhotels.eu, commerce@cocoonhotels.eu, ÜF im DZ ab € 70, ☺ reservieren!, ganzjährig, Gastronomie tägl. 7:00-23:00, gehobene französische Küche und Sushi, Lunchpaket, Trockenraum für nasse Kleidung, Gepäcktransport zum nächsten Etappenziel, Hunde willkommen, Übernachtung € 7

♦ Hotel Vayamundo Houffalize, Ol Fosse d'Outh 1, B-6660 Houffalize, ☏ 00 32/(0)78/15 61 00, www.vayamundo.be/nl (niederländisch), contactcenter@vayamundo.be, ÜF im DZ ab € 70, zweite und dritte Januarwoche geschlossen, Gastronomie außerhalb der Schulferien So-Do 11:30-14:00 und 18:30-20:30, Fr-Sa 11:30-15:00 und 18:00-21:00, in den Ferien tägl. 11:30-15:00 und 18:00-21:00, vielfältige, hochwertige Gastronomie, Lunchpaket auf Anfrage,

Schwimmbad, Fitness und Wellness für Hotelgäste, Verkauf von Wanderkarten der Umgebung

Camping du Viaduc, Rout de la Roche 53, B-6660 Houffalize, ☏ 00 32/(0)61/28 90 67, Preise erfragen, ganzjährig, Gastronomie März-Okt tägl. 12:00-14:00 und 18:00-20:00, Gastronomie mit kleiner Karte, geeignet für Wanderinnen und Wanderer mit Zelt, auf Anfrage am Vortag Frühstück, Abholservice für die Umgebung, Gepäcktransport je nach Betrieb möglich, Hunde willkommen, Übernachtung gratis

Café Brasserie Grandcafé Houffalize, Rue de Liège 8, B-6660 Houffalize, ☏ 00 32/(0)4 73/60 85 88 und 00 32/(0)4 71/42 30 29, www.facebook.com/Grandcafehouffalize, grandcafehouffalize@gmail.com, Do-Mo 9:30-18:30, belgische Küche, Hunde willkommen

Valentine Boulangerie-Pâtisserie-Glacerie, Place de l'Eglise 15, B-6660 Houffalize, ☏ 00 32/(0)61/32 11 09, www.facebook.com/boulangerievalentine, tägl. 6:30-18:30, Bäckerei u. Eiscafé, Speisen zum Mitnehmen, Lieferdienst

BANK In Houffalize gibt es genug Geschäfte sowie Apotheken und Banken.

Houffalize

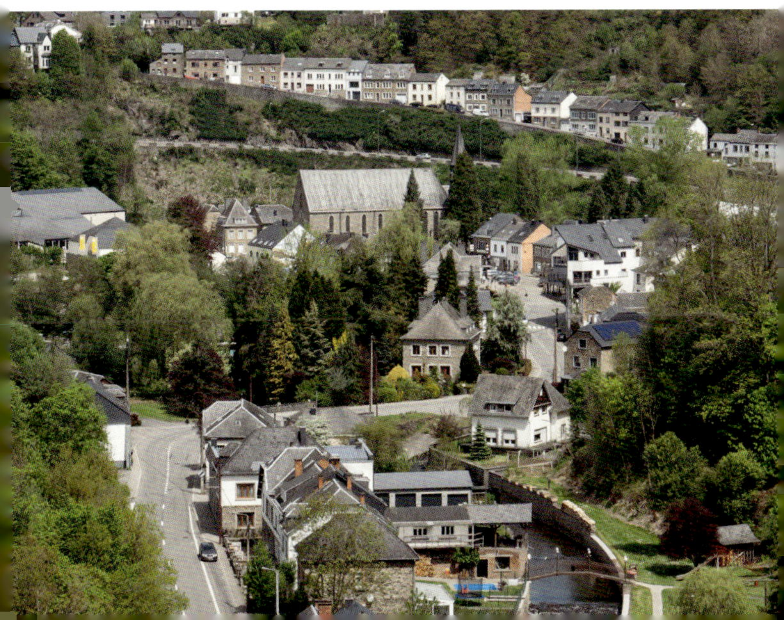

Sie finden mehrere Ärztinnen und Ärzte in der Stadt.

Taxi, 00 32/(0)49/525 11 36, transport.houffalize@proximus.be

Bus 15/2, Mo-Fr zweimal tägl., nach Filly – Nadrin – Bérismenil – Maboge-Borzée – Maboge – La Roche, Bus 17, Mo-Fr dreimal tägl., Sa-So einmal tägl., nach Bonnerue – Engreux, Busse 18, Mo-So zweimal tägl., und 1011, Mo-Fr stündl., Sa-So dreimal tägl., nach Bastogne, Bus 163c, Mo-Fr fünfmal tägl., nach Bastogne oder nach Gouvy, Bus 163d/2, Mo-Fr zweimal tägl., nach Alhoumont – Tavigny – Bastogne oder nach Gouvy, Bus 163d/3, Mo-Fr dreimal tägl., nach Tavigny, Bus 14/7, Mo-Fr einmal tägl., nach Gouvy

4. Etappe: Houffalize – Ollomont

21,2 km, 6 Std. 30 Min., 710 m, 685 m, 276-443 m

0,0 km	340 m	Houffalize BANK
8,8 km	440 m	Bonnerue, Abzweig Li Béni Hesse
10,8 km	338 m	Rensiwez
11,2 km	350 m	Aussichtspunkt Mourdehan
12,4 km	409 m	Abzweig nach Engreux (1,4 km)
16,0 km	291 m	Zusammenfluss der westlichen und östlichen Ourthe
18,1 km	276 m	Barrage de Nisramont
21,2 km	376 m	Ollomont und Abzweig nach Nadrin **B&B** **WC** (600 m)

Nach der gestrigen eher kräfteschonenden Etappe erwartet Sie heute wieder eine Berg- und Talfahrt (bzw. -wanderung) im wörtlichen Sinne. Die Ourthe orientale, der Sie ab Houffalize folgen, fließt in unzähligen Schleifen durch ein tiefes Tal, teilweise zu steil, als dass man dort jemals hätte Forstwirtschaft betreiben können. Von den urigen Dörfchen auf den Hügelkuppen laufen Sie immer wieder ans Flussufer. Der Stausee beim Zusammenfluss von Ourthe orientale und Ourthe occidentale bietet sich als Pausenplatz an, bevor Sie in einem letzten Schwung – vorbei am Staudamm von Nisramont – eine schwierige Uferpassage meistern und dann hinauf aufs Plateau steigen. Ollomont, ein Ardennendorf wie gemalt, erwartet Sie dort als fulminanter Abschluss der Trail-Etappe, bevor Sie in Nadrin einkehren und übernachten können.

Die vorherige Etappe endete am oberen Ende der Treppe auf der Rue de Schaerbeek. Starten Sie dort die heutige Etappe. Sie gehen nach links und bergauf.

Entlang der Rue de Schaerbeek befinden sich eine ganze Reihe von Geschäften, Lokalen und Banken.

Sie laufen auf dem Gehweg, bis Sie auf der rechten Straßenseite einen unscheinbaren Park entdecken. Vor hier aus führt der Eislek Trail rechts in die steile Straße.

Verhalten Sie sich beim Überqueren der Kreuzung verkehrsgerecht.

Nach ein paar Metern endet der Gehweg.

Ab hier müssen Sie in aller Vorsicht am Straßenrand entlanglaufen. Benutzen Sie am besten die linke Straßenseite.

Radrennen Lüttich – Bastogne – Lüttich

Wenn Sie sich die Fahrbahn dieser sehr steilen Straße anschauen, dann fallen Ihnen vielleicht die mit Farbe aufgemalten Sprüche und Namen auf. Das sind Anfeuerungen von Radfans, denn durch Houffalize und auch durch La Roche führt das derzeit älteste Radrennen Europas – das Rennen Lüttich – Bastogne – Lüttich. Seit 1892 wird es ausgetragen, es zählt zu den härtesten Rennen und Größen wie Bernhard Hinauld, Eddy Merckx und Jacques Auquetil gehörten schon zu den Teilnehmern. Im Jahr 1988 kam es jedoch ausgerechnet in Houffalize zu einem Massensturz, weil die für die Organisation der Tour Verantwortlichen eine ungesicherte Straßenbaustelle übersehen hatten und das Feld der Fahrer mit 60 km/h auf einen Graben von 1 m Breite und 30 cm Tiefe zuraste. Ein paar wenigen Fahrern gelangen noch gewagte Sprünge – sogenannte „bunny hops“ – über den Graben. Für den Rest des Feldes ließ sich der Sturz nicht mehr vermeiden. Seitdem hat das Organisationsteam gewechselt. Unverändert ist jedoch die Fahrradleidenschaft in Houffalize und Umgebung.

Sie gewinnen schnell an Höhe. Die Markierung leitet Sie auf einen Wendehammer. Rechts führt eine Schotterspur an den letzten Häusern geradeaus vorbei. Immer wieder ergibt sich ein guter Blick auf die Stadt, die nun hinter Ihnen liegt. Der Weg bleibt jetzt etwa auf einer Höhe und Sie laufen durch mal lichteren, mal dichteren Wald.

☝ Bei km 1,5 erreichen Sie die Landstraße, gehen etwa 100 m bergauf nach links und überqueren dann die Fahrbahn. Seien Sie hier sehr vorsichtig. Die Straße ist unübersichtlich, trotzdem fahren Autos mit hoher Geschwindigkeit.

Hinter der Leitplanke führt Sie ein breiter Wanderweg bergab in den Wald. Über eine Brücke überqueren Sie einen schmalen Bach und wandern dann nach der Kehre bergab. Umgeben sind Sie dabei von lichtem Fichtenforst. Bei km 2,9 erreichen Sie eine Betonpiste ❶.

↳ Nach rechts bergab gelangen Sie in 500 m zum ⛺ ✕ Camping du Viaduc (☞ Houffalize): Die Betonpiste endet an einer Straße, hier laufen Sie weiter bergab und über die Brücke. An der Hauptstraße geht es nach links. Nach ca. 100 m erreichen Sie die Zufahrt zum Campingplatz.

Der Eislek Trail biegt am Abzweig nach links ab, vorbei an einzelnen Ferienhäusern. Durch den immer wieder auflockernden Wald erblicken Sie das Flusstal und bald auch den Autobahnviadukt, der das Ourthetal überspannt. Bei km 3,9 wandern Sie unter dieser Brücke hindurch.

Die Ourthe bildet hier große Mäander. Das Tal ist tief in die Landschaft geschnitten, die teilweise sehr steilen Hänge sind durchweg bewaldet. Wo immer Forstwirtschaft nicht möglich ist, wächst uriger Schluchtwald.

Etwa 400 m nachdem Sie die Autobahn hinter sich gelassen haben, kommen Sie an einen scharfen Linksknick (km 4,3).

↳ Im Knick zweigt nach rechts ein schmaler Pfad ab, über den Sie den ⛺ 🛏 ✕ ☕ Camping C&P Buitensport erreichen. Dafür folgen Sie dem Pfad für 500 m.

⛺ 🛏 ✕ ☕ Camping C&P Buitensport, Rue de la Roche 63, B-6660 Chession, ☎ 00 32/(0)61/28 83 14, 💻 www.cpbuitensport.be, ✉ info@cpbuitensport.com, in der Nebensaison Wanderhütten, ✕ ☕ Café und Restaurant mit gutbürgerlicher Küche, Preise und Öffnungszeiten erfragen

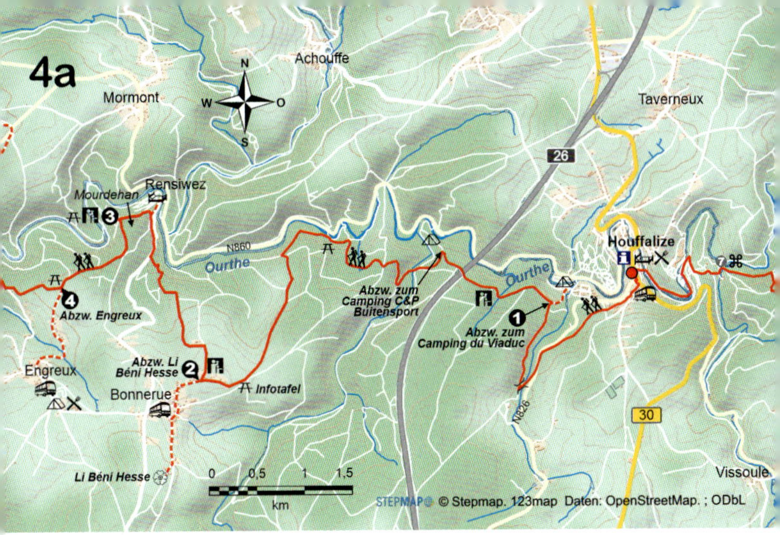

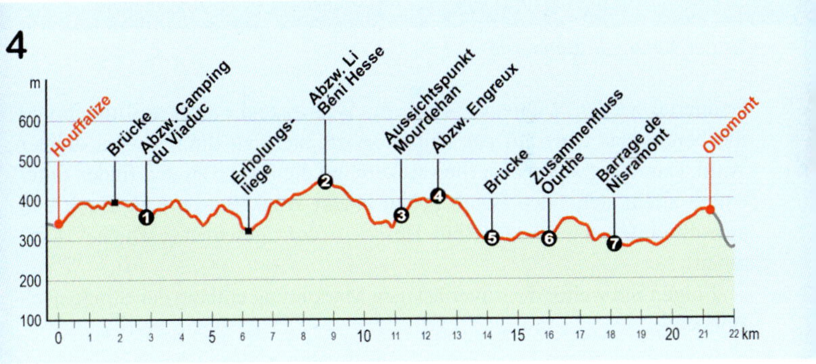

Der Trail führt Sie nun bald bergab und zum Ufer der Ourthe. Auf dem Weg dorthin finden Sie immer wieder Informationstafeln zur Sie umgebenden Natur.

⛩ Erholungsliege direkt am Wasser (km 6,2)

Dann steigt der Weg wieder an. Schluchtwald und Forst wechseln sich ab. Nach einer kurzen steilen Passage finden Sie sich auf dem Plateau von

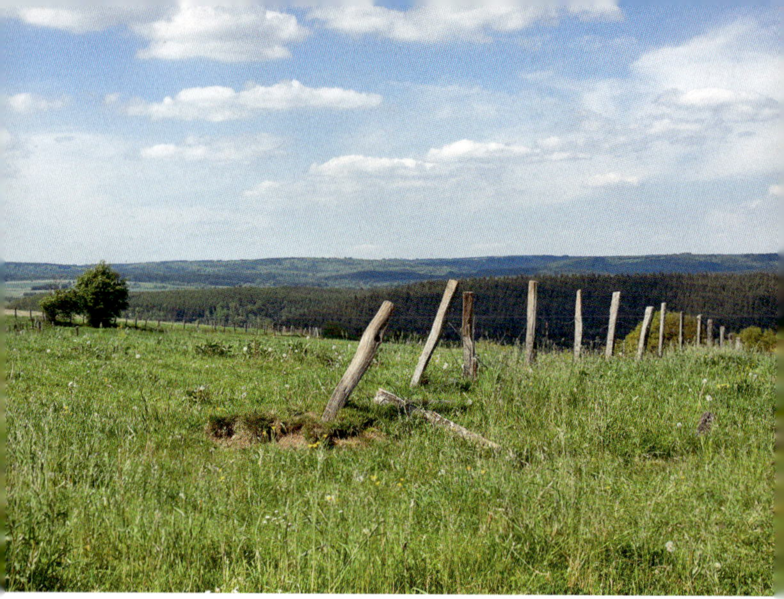

In der Nähe von Bonnerue

Bonnerue wieder. Während sich rechts Wiesen und Felder ausbreiten und Sie bereits das Dorf auf der Kuppe sehen, steht zu Ihrer Linken dichter Wald. Dann laufen Sie zwischen Äckern auf die Kuppe zu und finden unter einem allein stehenden Baum neben einem Wegkreuz eine Bank und eine Infotafel zur „Li Béni Hesse" – der „gesegneten Buche" (☞ unten).

Folgen Sie weiter der zuverlässigen Markierung entlang der Straße nach Bonnerue.

Bonnerue

Bus 17 (☞ Houffalize)

Nach den ersten Häusern verlassen Sie das Dorf auch schon wieder über die abzweigende Straße nach rechts.

↳ Wenn Sie sich gerne die alte Buche „Li Béni Hesse" ansehen möchten, gehen Sie an diesem Abzweig ❷ weiter geradeaus und folgen dann dem Straßenverlauf nach links. Danach verzweigt sich die Straße: Rechts sehen Sie die Kirche, links geht es hinab in den Dorfkern. Laufen Sie dorthin weiter geradeaus und bis zur Weggabelung. Hier wählen Sie den rechten Weg und wandern durch ein schmales Waldstück. Dahinter finden Sie die ❀ älteste Buche der Wallonie und einen schönen Picknickplatz. Bitte planen Sie für diesen Abstecher 2,7 km mehr ein.

Weiter auf dem Wanderweg lassen Sie die Häuser des Dorfes zurück und haben nun eine wunderbare Aussicht auf die umliegenden Hügelkuppen. Sie sehen Achouffe, Petite Mormont und Grande Mormont, Filly und Engreux, außerdem das bewaldete Ourthetal.

Schnell ist der Waldrand wieder erreicht. Hier, bei km 9,7, steht auf der rechten Seite ein Hochsitz. Sie nehmen geradeaus den schmalen Pfad.

Leider fehlen hier die Wegzeichen. Am Waldrand entlang und dann nach links finden Sie aber bald wieder die nächste Markierung.

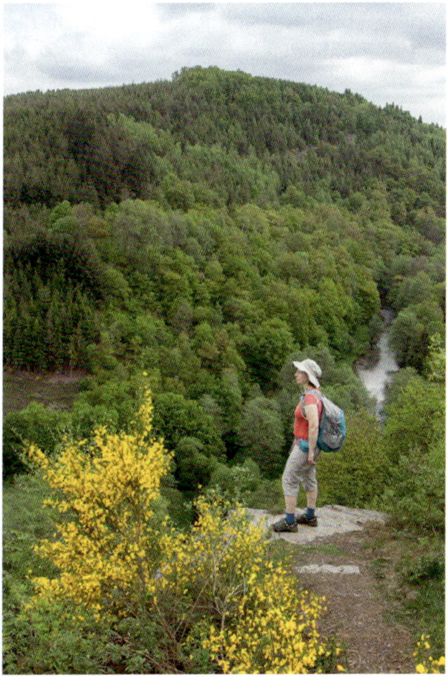

Am Aussichtspunkt

Durch Mischwald steigen Sie zügig ab und erreichen eine Brücke über einen Bach.

Die Brücke ist sehr baufällig, benutzen Sie sie daher bitte äußerst vorsichtig.

Danach geht es kurz und knackig die Böschung zur Landstraße hinauf.

Die Straße zwischen Pont de Rensiwez und Bonnerue ist unübersichtlich, Autos sind hier meist schnell unterwegs. Bitte passen Sie auf!

Bergab gehen Sie am rechten Fahrbahnrand. Sobald Sie nach etwa 150 m gegenüber den schmalen Weg in den Wald entdecken, überqueren Sie die Fahrbahn. Auf dem Waldpfad laufen Sie zunächst kurz parallel zur Straße, entfernen sich jedoch bald von dieser. Bei km 10,8 finden Sie ein paar Ferienhütten.

Zwischen den Hütten führt ein breiter und deutlicher Weg rechts bergab zur Rezeption der Hüttenvermietung. Hier erhalten Sie auch gute regionale Produkte.

Rensiwez

Les Cabanes de Rensiwez, Moulin de Rensiwez 1, B-6663 Mabompré, ☎ 00 32/(0)61/28 90 27, www.lescabanesderensiwez.be, info@lescabanesderensiwez.be, Wanderhütten für 2-4 Pers. ab € 160/Nacht, ganzjährig, Rezeption und Laden Mo, Mi und Fr 9:00-12:00 und 14:00-20:00, Di und Do 9:00-12:00 und 14:00-18:00, Sa-So 9:00-12:30 und 13:00-15:00, Frühstück auf Vorbestellung, auf Vorbestellung am Vortag werden Sie zum Abendessen von einem Caterer versorgt, Einkaufsmöglichkeit für regionale Produkte, Abholung aus der näheren Umgebung je nach Betrieb möglich, Hunde sind willkommen, Preise für Hunde auf Anfrage.

Wenn Sie von hier aus weiter dem Eislek Trail folgen, laufen Sie durch üppigen Wald über einen holprigen Weg. Ein überdachter Picknickplatz erwartet Sie bei km 11,2. Hier finden Sie auch rechts einen Saumpfad, der Sie zu der Felsnase Mourdehan ❸ über dem Ourthetal führt.

Genießen Sie diesen Ausblick, wenn Sie schwindelfrei sind. Es lohnt sich!

Mourdehan und Rensiwez

Zu Füßen des Felsens Mourdehan breitet sich eine wunderschöne Flussebene aus. Dies war der Ort, an der die Mühle von Rensiwez errichtet wurde. Deren letzter Müller – François Maquet – starb 2000 im Alter von 79 Jahren. Er musste schon mit 14 Jahren zusammen mit seinen zwei

Schwestern Maria und Noémie die Mühle übernehmen, womit für die Kinder die Schulzeit endete. Der Ort ist gut gewählt, denn hier führte eine Furt durch die Ourthe. Damit war die Mühle für alle umliegenden Bauersleute gut erreichbar.

Dennoch scheuten abergläubische Menschen diesen Ort, von dem es hieß, Feen und Hexen träfen sich hier und hielten heidnische Feste ab. Die Feen lebten demnach in einem abgelegenen Tal des Bachs Martin Moulin, der nicht weit von der Mühle in die Ourthe fließt. Im Flussnebel des weiten Tals unterhalb des Felsens, auf dem Sie gerade stehen, wurden sie geboren. Sie galten im Volksglauben als anmutige und freundliche Wesen – im Gegensatz zu Hexen, die die Scheu vor diesem Ort begründeten.

Von der Infotafel aus steigt das Gelände nun wieder an, auf einem breiten Forstweg durch Buchenwälder kehren Sie auf das Plateau zurück. Am Funkmast (km 11,7) knickt der Weg nach rechts und führt am Waldrand entlang.

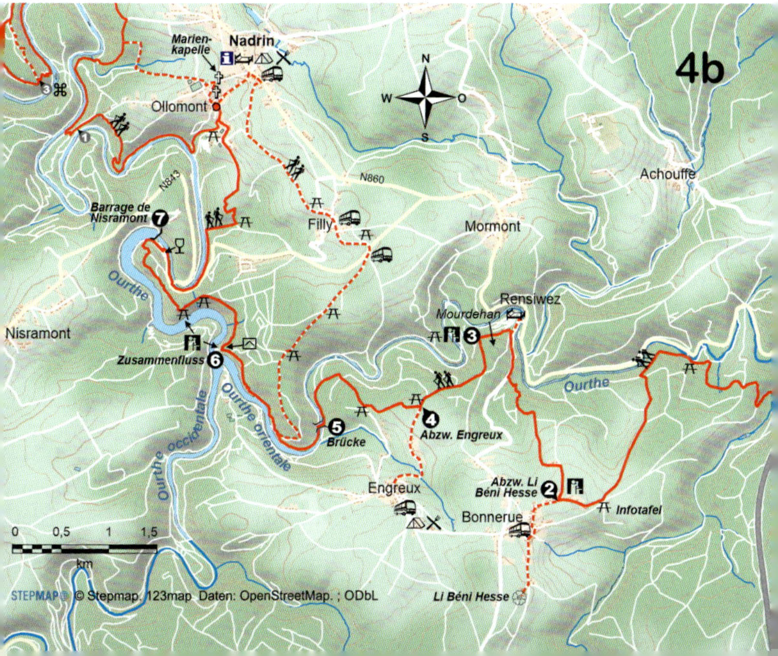

Für Wanderinnen und Wanderer mit und ohne Zelt eignet sich der Campingplatz in Engreux. Dort können Sie auch eine Kaffeepause machen. Gehen Sie dafür bei km 12,4 weiter geradeaus ❹. Sobald Sie die Dorfstraße erreicht haben, wenden Sie sich nach links bergauf. Am Dorfausgang liegt dann der Campingplatz.

Engreux

Camping Au Bout du Monde, Engreux, B-6660 Engreux, 00 32/(0)61/28 83 55, www.campingauboutdumonde.be, campingauboutdumonde@skynet.be, Wanderhütten für € 48 inkl. 2 Pers, Zeltplatz ab € 10, Nov-März geschlossen, Restaurant variable Öffnungszeiten, mit kleinen Gerichten, Snacks und Getränken, Hunde willkommen, Preise auf Anfrage

Gaststätte Auberge le Vieil Engreux, Engreux 64, B-6660 Engreux, variable Öffnungszeiten

Bus 17 (Houffalize)

Zunächst laufen Sie ein wenig bergab und erreichen eine Zufahrtsstraße an einem einzelnen Haus. Dann endet der Asphalt und der Weg wird steiler. Am Ufer der Ourthe empfängt Sie ein schmaler, felsiger Weg. Vor sich sehen Sie bereits die Brücke über den Fluss ❺, auf der Sie ihn bei km 14,1 queren.

Hinter der Brücke führt Sie die Beschilderung nach links. Das Flussbett wird breiter, bald wird die Ourthe zum Stausee.

Bei Hochwasser können Sie nicht am Ufer der Ourthe entlanglaufen. Falls Sie dem regulären Weg folgen, wartet dort später auch noch eine schwierige Wegpassage auf Sie, die bei Regen nicht empfehlenswert ist. Beides können Sie umgehen, wenn Sie hier beim ersten Abzweig nach der Brücke (km 14,9) nach hinten rechts den Berg hinauflaufen. Folgen Sie dafür der Beschreibung der Variante bei Hochwasser, Seite 129.

Bei Niedrigwasser und wenn Sie die schwierige Passage nicht scheuen, halten Sie sich einfach weiter an die bekannten Wegmarken.

Bei km 16 schauen Sie auf den Zusammenfluss der Ourthe occidentale mit der Ourthe orientale ❻, die Sie ja schon eine Weile begleitet. Hier finden Sie auch eine Schutzhütte mit Aussicht auf den See.

Drei Flüsse mit Namen Ourthe

Sie schauen gerade auf drei Flüsse, nämlich die Ourthe orientale, die Ourthe occidentale und deren Zusammenfluss – die Ourthe. An der östlichen Ourthe (Ourthe orientale) sind Sie bereits entlanggewandert und die Ourthe, also der vereinigte Fluss, ist Ihr Begleiter für den Rest der Reise. Ourthe occidentale und Ourthe orientale sind Zwillinge. Beide entspringen auf etwa 500 m ü. NN und legen einen Weg von knapp 50 km zurück, bevor sie im Stausee von Nisramont zur Ourthe verschmelzen. Auch die Dörfer, in denen sie entspringen, tragen ähnliche Namen: Im Osten ist es das Dorf Ourthe im Bezirk Gouvy und im Westen das Dorf Ourt im Bezirk Libramont. Kein Wunder, denn der Namensstamm „ûr“ taucht in vielen europäischen Sprachen im Zusammenhang mit „Wasser“ oder „nass“ auf. Der Stausee der Ourthe wird durch den Damm von Nisramont begrenzt, eine 16 m hohe Staumauer. Dort werden Trinkwasser und Strom erzeugt. Der Damm dient gleichzeitig auch als Fußgängerbrücke.

Die Ourthe – jetzt vereint – fließt bis zum Staudamm in einer engen Schleife. Zu beiden Ufern ragen steile Wälder empor. Sie übersteigen nun

Am Zusammenfluss der zwei Ourthen

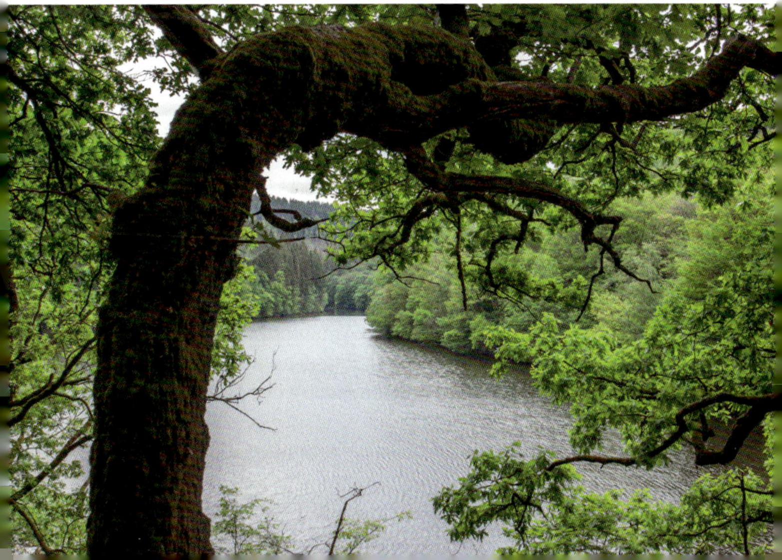

den Mäander auf einem Treppenweg und erreichen die) 📷 Staumauer Barrage de Nisramont ❼ bei km 18,1.

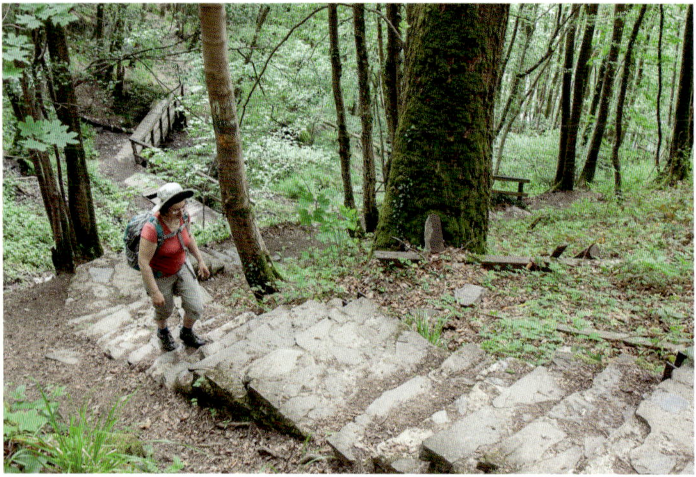

Wegimpression

Vom Staudamm aus gehen Sie an den Gebäuden vorbei. Sie finden links eine Treppe. Diese endet vor der 🍷 Taverne.

Barrage de Nisramont 🍷) ⛩

🍷 Taverne Barrage de Nisramont, B-6983 Nisramont, April-Sep Sa-So 10:00-18:00, Juli-Aug Di-So 12:30-19:30, Snacks, Getränke und Eis, ☺ falls die Taverne geschlossen ist, ist ein Getränkeautomat erreichbar.

⛩ Neben den Gebäuden befindet sich eine Reihe überdachter Picknickbänke.

Weiter geht es auf dem mit Bruchstein gepflasterten Weg zwischen dem Wohnmobilstellplatz und der Ourthe. Am Zebrastreifen bei km 18,6 erreichen Sie die Straße, wechseln hier die Straßenseite und folgen dem schmalen Pfad hinter die Leitplanke und hinunter in den Uferbereich des Flusses.

✋ Bei Hochwasser ist dieser Wegabschnitt nicht begehbar (☞ Seite 129).

Das Ufer der Ourthe bietet unzähligen Pflanzen und Tieren ein Zuhause. Ganz nah am Fluss laufen Sie hier durch üppige Vegetation. Nach einem knappen Kilometer weicht die Uferböschung neben Ihnen zurück. Sie erreichen ein Seitental und wandern entlang des kleinen Bachs nach rechts.

Die Markierung fehlt hier, der Weg ist jedoch eindeutig.

An einer ⛩ Bank geht es sehr steil den Hang hinauf und Sie gelangen auf das Plateau von Nadrin und Bérismenil. Hier finden Sie vier alte Eichen und daneben ein Kreuz. Die Trittspur verläuft am Wiesenrand entlang neben einem Maschendrahtzaun. Durch die Wiesen gelangen Sie zu einer Straße, die von roten Ahornbäumen gesäumt ist. So erreichen Sie den Ortsrand von Ollomont (km 20,7). Sie lassen das Gestüt hinter sich und gehen durch eine Rechtskurve. Nachdem das kleine Waldstück zu Ihrer Rechten geendet hat, finden Sie bei km 21,2 auf der linken Seite einen abzweigenden Feldweg. Dies wird morgen der Beginn Ihrer 5. Etappe auf dem Eislek Trail sein. Für heute sind Sie am Etappenziel angekommen.

Die Kirche von Ollomont

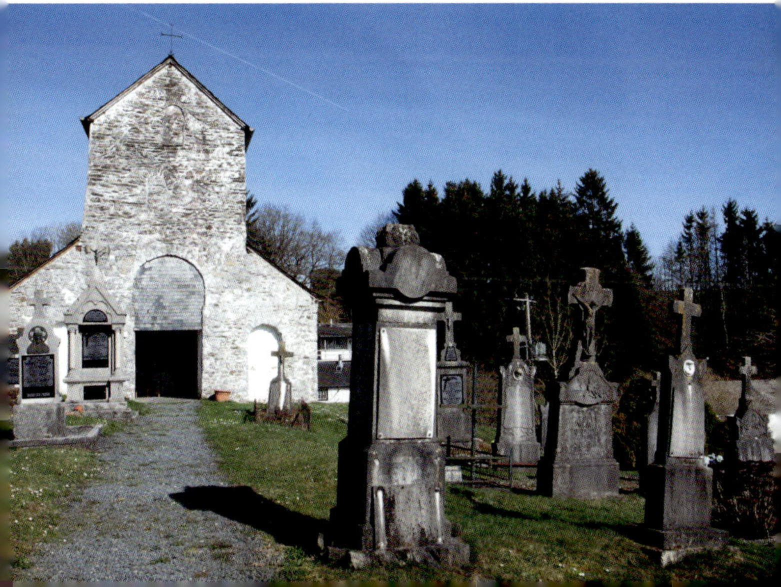

Ollomont ✞

✞ Kapelle Sainte-Marguerite

Ollomont ist ein kleines Dorf, das seinen ursprünglichen Charakter bewahrt hat. Das Zentrum bildet die weithin sichtbare Marguerite-Kapelle.

Die Kapelle Sainte-Marguerite

Die Kapelle ist das Wahrzeichen Ollomonts. Sie sieht ungewöhnlich aus – nach Osten rundlich und zur Friedhofsseite hin mit der breiten Front und dem kleinen Turm darüber –, denn eigentlich sehen Sie nur noch den Überrest einer romanischen Pfarrkirche. Diese wurde im Laufe der Zeit so baufällig, dass man sich zum Abriss entschied und die Steine zum Neubau der Kirche in Nadrin verwendete. Übrig blieben nur die Apsis und das Chorgestühl mit dem Chorturm. Letzterer wurde auf die Hälfte verkürzt und mit dem Satteldach abgeschlossen, das Sie heute sehen. Denken Sie sich einen Saalbau an der Stelle, wo nun der Friedhof ist, und einen höheren Turm, dann ergeben die jetzigen Proportionen wieder einen Sinn.

Um nach Nadrin zu gelangen, folgen Sie der Dorfstraße für 600 m. Sie befinden sich dann im Zentrum des Ortes.

Nadrin

WC Touristeninfo Syndicat d'initiative Le Hérou, Place du Centre 4, B-6600 Nadrin, ☎ 00 32/(0)84/44 46 20, www.nadrin-le-herou.be, contact@nadrin-le-herou.be, Juli und Aug Fei und in den Schulferien 10:00-13:00 und 13:30-16:30, sonst Sa, So 10:00-15:00, Jan geschlossen

Hôtel Panorama, Rue du Hérou 41, B-6660 Nadrin, ☎ 00 32/(0)84/44 43 24, www.hotel-nadrin.be, lepanorama@skynet.be, ÜF im DZ ab € 49, im Sommer auf Anfrage geöffnet, Gastronomie mit klassischer französischer Küche nach Voranmeldung, Lunchpaket

B&B La Fermette Blanche, La Petite Chavée 29, B-6660 Nadrin, ☎ 00 32/(0)84/47 77 28, www.la-fermette-blanche.be, la.fermette.blanche@gmail.com, ÜF im DZ ab € 87 für 2 Pers., auf Anfrage

Camping du Bellemeuse, Rue de Wibrin 13, B-6660 Nadrin, ☎ 00 32/(0)84/36 84 72, www.camping-bellemeuse.be, Preise erfragen, Wohnwagenvermietung auf Anfrage, 01.04.-15.11.

✕ Fritterie Au Chat l'Heureux, Route de Houffalize 5, B-6660 Nadrin, ☎ 00 32/(0)84/21 01 78, ganzjährig, Di und Do-So 11:30-14:00 und 17:30-20:30, gute belgische Fritten und Frikandellen

♦ Restaurant La Plume d'Oie, Place du Centre 3, B-6660 Nadrin, ☎ 00 32/(0)84/44 44 36, plumedoie.be, auf Anfrage, ☺ bitte einen Tag im Voraus reservieren, Brasserie und hochwertige französische Küche, Hunde willkommen

Lebensmittelgeschäft gegenüber der Kirche, Mo-Fr 9:00-12:30 und 14:00-18:00, Sa 9:00-12:00, ☺ Snackautomat mit Chips und kalten Getränken

♦ Gemüseladen, Route du Condroz 204, B-4550 Nadrin, ☎ 00 32/(0)85/51 30 33, variable Öffnungszeiten

Apotheke Multipharma, ☎ 00 32/(0)84/44 43 94, www.multipharma.be, Di-Fr 9:00-12:00 und 14:00-19:00, Sa 9:00-12:00

Bus 15/2 (☞ Houffalize)

4. Etappe: Variante bei Hochwasser

21 km, 6 Std. 15 Min., ↑ 624 m, ↓ 569 m, ⇧ 293-443 m

0,0 km	⇧ 340 m	Houffalize
8,8 km	⇧ 440 m	Bonnerue, Abzweig Li Béni Hesse
10,5 km	⇧ 338 m	Rensiwez
11,2 km	⇧ 350 m	Aussichtspunkt Mourdehan
11,7 km	⇧ 409 m	Abzweig nach Engreux (1,4 km)
18,0 km	⇧ 382 m	Filly
20,0 km	⇧ 401 m	Nadrin (Dorfmitte) **B&B** ✕ **WC**
20,6 km	⇧ 376 m	Ollomont
21,0 km	⇧ 395 m	Nadrin (Sportplatz) **B&B** ✕ **WC**

Es gibt gleich zwei Gründe, warum Sie diese Ausweichstrecke wählen könnten: Einerseits umgehen Sie bei Hochwasser den Uferbereich des Ourthestausees, andererseits ist der Uferpfad zwischen Nisramont und Ollomont von ernstzunehmender Schwierigkeit. Gehen Sie dort nur entlang, wenn Sie über gute Trittsicherheit verfügen. Entschädigt werden Sie auf der Variante durchaus, und zwar mit dem hübschen Ardennendörfchen Filly, das sich in die Hügel über der Ourthe schmiegt.

Sollten Sie sich für die Variante entschieden haben, so weichen Sie ab km 14,9 vom regulären Trail-Weg ab. Gerade haben Sie die Brücke über die Ourthe passiert und sich nach links gewandt. Nach 800 m führt der Weg ein wenig bergauf. An der höchsten Stelle zweigt nach hinten rechts ein holpriger Weg ab, hier beginnt die Variante.

Sie gehen steil den Berg hinauf bis zur Kehre. Dort wird der Weg zusehends immer weniger steil und auch bequemer. Folgen Sie dem Wegverlauf, bis Sie bei km 16,1 an einer ⛼ Bank vorbeikommen.

Hier knickt der Forstweg nach rechts ab, Sie folgen ihm. Der schöne Wald endet schließlich und der Weg führt jetzt zwischen Feldern und Wiesen hindurch. Ab km 16,7 laufen Sie auf einem nun geteerten Feldweg und erreichen – immer geradeaus – bei km 17,4 ✋ die Landstraße, die Sie hier überqueren. Gegenüber sehen Sie schon die ruhige Straße, die Richtung Filly an mehreren 🚌 Bushaltestellen vorbeiführt.

Filly 🚌

🚌 Bus 15/2 (☞ Houffalize)

Wegimpression

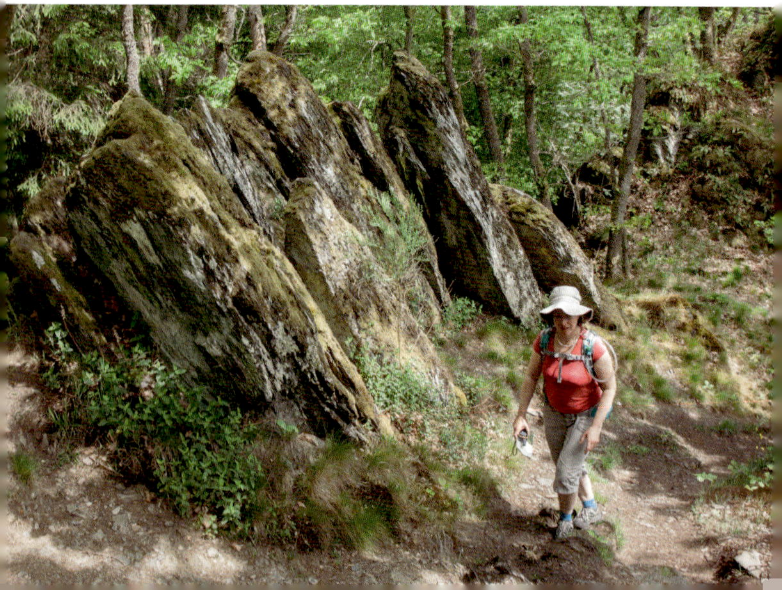

Sie erreichen den hübschen Ortskern. Folgen Sie der Dorfstraße weiter, bis sich am Wegkreuz die Straße gabelt (km 18,1). Entsprechend der Ausschilderung verlassen Sie hier geradeaus das Dorf, während nach rechts die Hauptstraße weiterläuft. Auf einer gut befestigten Nebenstraße haben Sie einen wunderbaren Blick über die liebliche Landschaft bis nach Ollomont und Nadrin.

An der Weggabelung bei km 19,2 finden Sie eine weitere ⛼ Bank. Nach rechts erreichen Sie schon bald Nadrin. Bei der ✞ Kirche treffen Sie auf die Hauptstraße und wandern weiter auf dem Gehweg nach links.

Bei km 19,9 kommen Sie an einem Lebensmittelladen mit Snackautomaten vorbei. Gegenüber finden Sie die Fritterie Au Chat l'Heureux.

Gehen Sie bis zur nächsten Kreuzung. Hier befindet die ℹ Touristeninfo.

Weiter geradeaus finden Sie einen Obst- und Gemüseladen und eine Apotheke.

Ein Straßenschild weist Ihnen links den Weg nach Ollomont.

☺ Hier weichen Sie vom ausgeschilderten Umleitungsweg ab. Offiziell würden Sie an der Touristeninfo geradeaus bis zum Sportplatz laufen, jedoch ist der Weg über Ollomont bedeutend schöner. Daher sollten Sie sich den kleinen Umweg von 350 m gönnen!

Leicht bergab zwischen Häusern führt der Weg am Fahrbahnrand entlang. Sobald Sie bei km 20,5 die ⛼ Picknickbank in Ollomont erreicht haben, entscheiden Sie sich für die Straße nach rechts. Hier laufen Sie bergauf an der Friedhofsmauer vorbei. Nach etwa 100 m stehen Sie am Eingang des Friedhofs, von wo Sie zur ✞ Kapelle gelangen können.

Gehen Sie weiter an der Friedhofsmauer entlang bis zu ihrem Ende. Noch ein paar Meter und Sie finden auf der linken Seite eine abzweigende Straße, der Sie nun folgen. Nur wenige Häuser trennen Sie noch von dem Ortsausgang.

Und so zügig, wie Sie Ollomont verlassen haben, erreichen Sie nun wieder den Ortsrand von Nadrin. Die beiden Dörfer liegen so nahe beieinander, dass sie schon fast zusammenwachsen.

Bei km 20,9 laufen Sie an einer ✞ Marienkapelle vorbei. Sie befinden sich nun an der Rue du Hérou.

Nach links erreichen Sie in 100 m den Parkplatz am Sportplatz. Dies ist das Etappenziel der Variante.

> ↳ Falls Sie am Marienbild rechts abbiegen, gelangen Sie wieder in den Ortskern von Nadrin (Infos ☞ Seite 128).

5. Etappe: Ollomont – La Roche-en-Ardenne

➲ *20,7 km,* ⌛ *6 Std.,* ↑ *739 m,* ↓ *880 m,* ⇧ *224-438 m*

0,0 km	⇧ 376 m	Ollomont ✞
2,7 km	⇧ 271 m	Fels Hérou
7,8 km	⇧ 309 m	Keltenfestung Le Cheslé ⌘
10,6 km	⇧ 438 m	Bérismenil ✞ 🚌
12,4 km	⇧ 400 m	Aussichtspunkt Les Crestelles ⌘ 🚻 ⊼
13,7 km	⇧ 273 m	Bushaltestelle 🚌 und Abzweig nach ↳ Maboge ⛺ (1,2 km)
15,3 km	⇧ 355 m	Borzée ✕ ✞
20,7 km	⇧ 224 m	La Roche-en-Ardenne ℹ 🛏 ⛺ ✕ ☕ 🍷 🛒 ⚖ ♞ BANK ✚ 🏊 ✞ ♜ ⌘ P 🚌

Die abschließende Etappe des Eislek Trail beginnt mit einem schnellen Mix unterschiedlichster Landschaftsformen. Sie starten auf der Anhöhe mit hügeliger Weidelandschaft, laufen bergauf und bergab durch Wald und Forst, gehen steil bergab durch Schluchtwald, folgen der Ourthe auf Uferpfaden und steigen hinauf auf einen schroff abfallenden Felsrücken, der von der Ourthe umflossen wird – und das alles innerhalb weniger Kilometer. Hier, unterhalb der ehemaligen Keltenfestung Le Cheslé, die Sie kennenlernen werden, macht die Ourthe die wildesten Schleifen und die Uferfelsen türmen sich geradezu atemberaubend auf.

Aber keine Angst: Die Aufschwünge zum Felsen Hérou, zur Festung und nach Bérismenil bleiben die größten Anstiege, die Sie heute zu bewältigen haben. Wunderbar waldig wird der Weg nach dem Aussichtspunkt Les Crestelles. Und schließlich öffnet sich der Blick auf La Roche-en-Ardenne und seine Burg. Sie sind am Ziel angekommen.

☺ Bitte folgen Sie bei Hochwasser der ☞ Variante bei Hochwasser, Seite 146. Diese beginnt in Nadrin am Sportplatz.

Die letzte Etappe des Eislek Trail startet an dem abzweigenden Feldweg in Ollomont, an dem Sie gestern Ihre Wanderung beendet haben und dem Sie nun folgen. Vor sich sehen Sie den Rand des nahen Waldes, in den Sie nun eintauchen. Schon bald führt der schmale Weg Sie zügig bergab.

Nachdem Sie rechts ein Wegkreuz passiert haben, knickt der Weg deutlich nach rechts ab. Noch ein paar Schritte und Sie befinden sich bei km 0,6 am Ufer der Ourthe, die nun für 1 km neben Ihnen fließt. Dann steigt der Uferpfad wieder an und Sie erreichen eine T-Kreuzung. Hier leitet Sie die Markierung nach rechts und bergauf.

↳ ☺ Falls Sie Klettersteige lieben und auch die notwendige Ausrüstung dafür mitgebracht haben, können Sie hier auch nach links abbiegen. Entlang der Ourthe erreichen Sie nach 700 m einen Klettersteig, der Sie die Felswand des Hérou hinaufführt. ✋ Begeben Sie sich nicht in Gefahr! Falls Sie keine Erfahrung mit Klettersteigen besitzen, verzichten Sie lieber auf dieses Abenteuer!

Nachdem Sie auf dem regulären Trail nun die größte Steigung überwunden haben, laufen Sie auf halber Höhe des Hangs durch lichten Wald.

Aussichtspunkt mit fantastischem Blick auf die Felsformation Hérou (km 2,3)

Nach weiteren 100 m treffen Sie auf einen breiten Forstweg. Auf dem Forstweg nach links laufen Sie auf dem Kamm des Felsens Hérou entlang. Schon bald geht der Weg in einen schmalen, holprigen Fußpfad über. Entlang der Felskante bieten sich Ihnen hier immer wieder atemberaubende Ausblicke. Bei km 2,7 gelangen Sie am Ende der Felsplatte des Hérou an einen Aussichtspunkt ❶.

☺ Falls Sie den Klettersteig gewählt haben, treffen Sie hier wieder auf den Eislek Trail.

Vom Aussichtspunkt aus folgen Sie nun nach rechts dem sehr steilen Weg, der Sie in Serpentinen zurück zum Flussufer bringt. Dort angekommen setzen Sie Ihren Weg nach rechts fort. Der schmale Uferpfad mündet schließlich in einen breiteren Weg. Nach der deutlichen Rechtskurve zweigt bei km 4 nach links ein schmaler Weg ab. Nachdem Sie eine Furt überquert haben, stehen Sie erneut vor einer Weggabelung. Wählen Sie hier den rechten Abzweig.

Durch den Wald steigen Sie nun immer weiter bergauf. Die Wegmarkierung führt Sie bis zum Waldrand, Sie tauchen aber sofort wieder in den Schluchtwald ein und wandern erneut talabwärts.

☺ Falls Sie die Ausweichstrecke bei Hochwasser gewählt haben, verläuft Ihr Weg nun für eine Weile auf dem regulären Weg (km 4,4).

Durch dichteren und lichteren Wald und Forst folgen Sie der zuverlässigen Markierung und wandern bis zu einem Aussichtspunkt bei km 4,9 ❷. Bald wird der Wald wieder dichter.

☺ Bei km 5,4 finden Sie einen Balancierbalken.

Dann erreichen Sie die Geländekante und werden in Serpentinen zügig bergab geführt. Dabei ist die Wegmarkierung vorbildlich.

☹ Leider ist der abschüssige Weg von Mountainbikes stark ausgefahren. Es ist ein wenig Anstrengung nötig, um nicht auf dem losen Geröll auszurutschen.

Bei km 5,8 gelangen Sie erneut zu einem Bach, dem Bérismenilbach, durch den der Weg durch eine Furt führt. Am anderen Ufer folgen Sie flussabwärts dem Bachverlauf.

Bei Hochwasser zweigt hier bei km 6 der zweite Teil der ☞ Variante bei Hochwasser Seite ab, Seite 146.

Noch laufen Sie durch das urige Bachtal des Bérismenilbachs der Ourthe entgegen. Dann beginnt der Uferweg und Sie wandern durch das Flusstal, das sich tief in die Landschaft geschnitten hat.

Das Ufer der Ourthe

Auf den Steinen nahe dem Ufer können Sie mit etwas Glück Wasservögel beobachten. Im seichten Fluss stehen öfter Reiher, Schwarzstorch und Wasseramsel sind häufige Gäste. Gerne wird die Ourthe hier auch von Anglerinnen und Anglern besucht, da sie hier sehr fischreich ist.

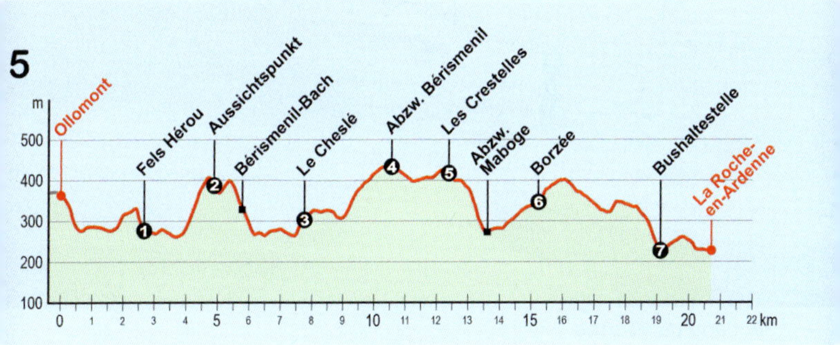

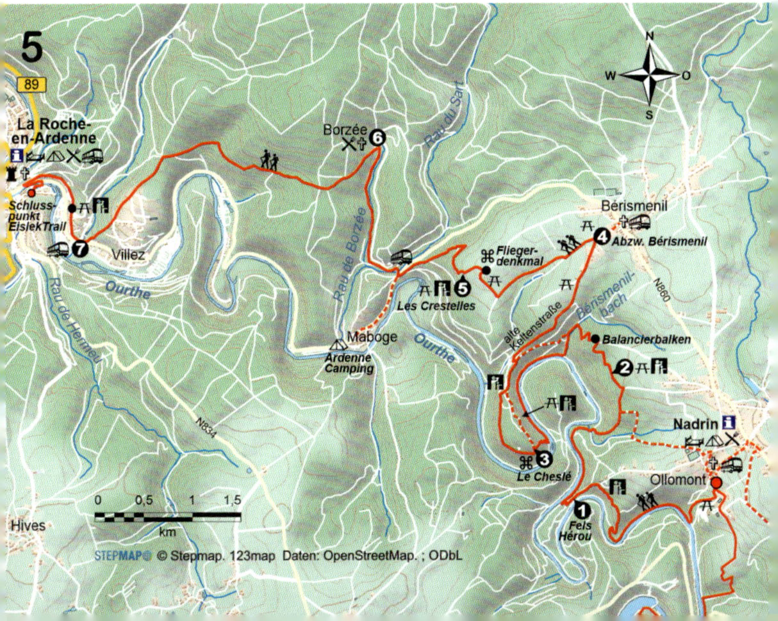

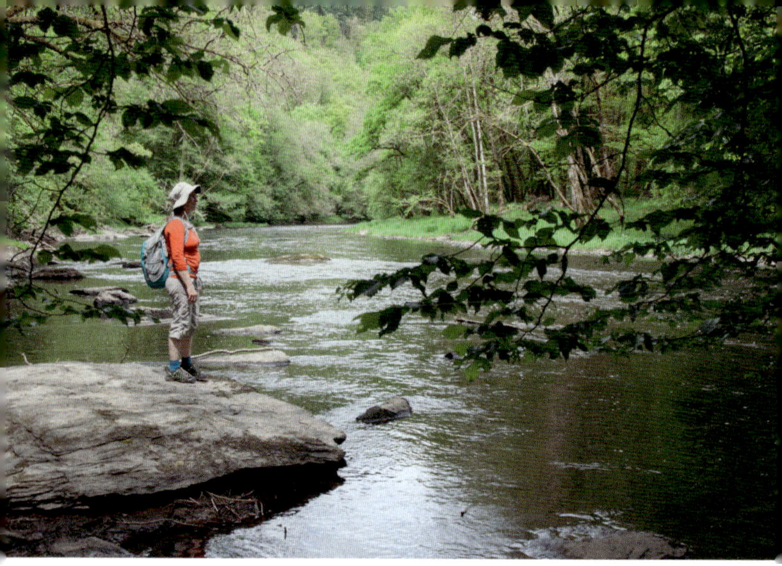

Entlang der Ourthe

Entlang des Flusses sehen Sie tatsächlich kaum menschliche Bauwerke, vom vor Ihnen liegenden Fußpfad einmal abgesehen. Dafür ist der Biber hier einer der eifrigsten Baumeister. Andere kleine Säugetiere in der Flussau sind der Otter und die Bisamratte, die leicht mit dem Biber verwechselt werden kann.

☝ Beim Überklettern einiger Uferfelsen ist Trittsicherheit notwendig.

Sie sind 1,4 km in einem großen Bogen am Wasser entlanggelaufen. Die Wegmarkierung weist nun bei km 7,5 bergauf. Mit einem knackigen Aufstieg gewinnen Sie schnell an Höhe. Sie kommen zu den ⌘ Überresten der keltischen Befestigung Le Cheslé ❸ (km 7,8).

Keltenfestung Le Cheslé

An der Ourtheschleife unterhalb von Bérismenil befinden Sie sich auf historischem Boden. Hier bewohnten Keltinnen und Kelten zwischen dem 8. und 5. Jh. v. Chr. ein gut befestigtes Fort. Aus archäologischen Grabungen weiß man, dass eine Doppelmauer das 13 ha große Gelände einfasste. So war man vor Angriffen bestens geschützt, denn die Mauer ragte 6 m hoch auf und war damit schwer einnehmbar. Eine Rekonstruktion aus Originalsteinen, die bei den Grabungen gefunden wurden, gibt einen schönen Eindruck, wie imposant das alles einmal gewirkt haben muss.

Außer der Mauer hat man auch einen Brunnen in Le Cheslé gefunden. Hierüber erzählt man sich in der Bevölkerung folgende Sage: In dem Brunnen liegt ein herrlicher Schatz verborgen, der immer zu Weihnachten zutage kommt, nämlich genau dann, wenn um Mitternacht die Kirchenglocken zur Mette läuten. Dann soll man ein schwarzes Huhn in den Brunnenschacht werfen und sich den Schatz greifen. Aber man darf darüber kein Wort verlieren! Drei Bauern, die ihr Glück versuchten, prahlten danach mit dem gewonnenen Schatz herum – und wurden sofort vom Boden verschluckt. Niemand hat sie je wieder gesehen. Sollten Sie also Glück haben: Psst! Behalten Sie es besser für sich.

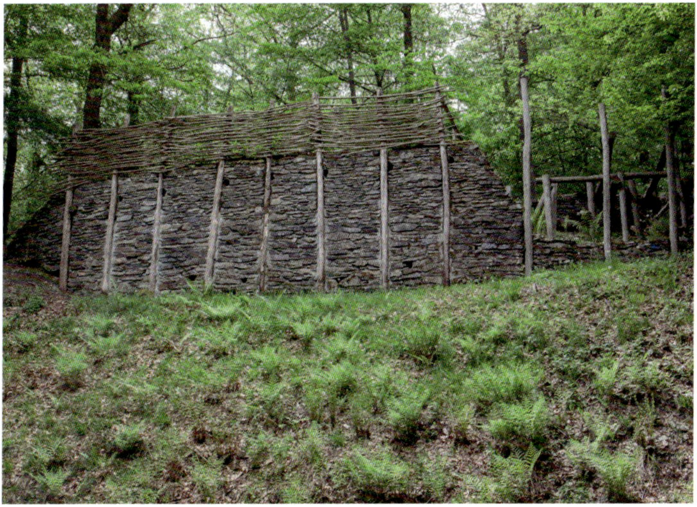

Le Cheslé

☺ Falls Sie die Variante bei Hochwasser genommen haben, treffen Sie hier vor dem Keltenfort wieder auf den Trail.

Sie folgen weiter der Wegmarkierung und umrunden dabei die ehemalige Festung. Dabei erhalten Sie auf bebilderten Tafeln entlang des Weges Informationen. Zudem warten genug Bänke auf Sie.

⌘ Ein Teil der Befestigung wurde rekonstruiert (km 8,6). Sie haben einen wunderbaren Blick über die Schlucht der Ourthe. Ein schöner Picknickplatz lädt zudem zur Rast ein.

Biegen Sie nun nach links ab. Ein felsiger Grat führt Sie bei km 8,8 an einem spektakulären Aussichtspunkt mit Bank vorbei.

Fünfmal Ourthe

Früher waren die Hänge der Mäander nicht so stark bewaldet wie heute. Vermutlich aus dieser Zeit stammt der Begriff der „fünf Ourthen“, die man von hier aus sehen konnte. Heute müssen Sie ein bisschen Fantasie aufbringen, um tatsächlich auf fünf unterscheidbare Abschnitte der Ourthe zu kommen.

Der schwierige Weg kreuzt schließlich einen breiten Forstweg, verläuft noch ein wenig bergauf über den Bergrücken und mündet in einen breiteren Waldweg.

⌘ Achten Sie beim Bergauflaufen auf die Spuren, die sich in den Weg geschliffen haben. Sie sind keltischen Ursprungs und wurden durch Fuhrwerke verursacht. Dies ist also eine historische Straße, der Sie gerade folgen!

Ab km 10,1 lassen Sie den Wald hinter sich. An einem Wegkreuz vorbei laufen Sie nun auf Bérismenil zu. Bevor Sie den Ortskern erreichen, biegen Sie bei der Bank (km 10,6) scharf links ab ❹.

Weiter geradeaus kommen Sie zum Ortskern, wo Sie bei der Kirche die Bushaltestelle finden.

Bérismenil

Bus 15/2 (☞ Houffalize)

Folgen Sie einem Heckenweg wieder hinab zum Waldrand. Neben der Fichtenpflanzung knickt der Weg nach rechts auf einen schmalen Trampelpfad ab. Kurz laufen Sie eine Treckerspur entlang, dann, am Plateaurand, folgen Sie dem undeutlichen Wiesenpfad. Ein weiter Blick über die Hochebene begleitet Sie. Der Pfad mündet in einen geteerten Feldweg und Sie wenden sich nach rechts.

⌘ ⛩ Propeller eines amerikanischen Kampfflugzeugs und Gedenktafel zum Absturz

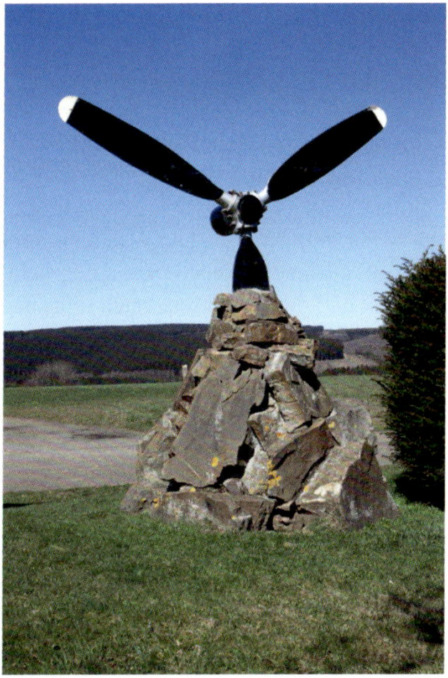

Fliegerdenkmal

Les Crestelles

Der Propeller, den Sie zu einem Denkmal aufgerichtet finden, gehörte zu einem amerikanischen Kampfflugzeug, das hier sein Ende fand.

Am 13. April 1944 stürzte ein B17-Bomber auf den Hügel mit Namen Les Crestelles und hinterließ eine Schneise, genau an der Stelle, wo sich heute der Aussichtspunkt über dem Ourthetal befindet. Das Flugzeug war in Schweinfurt im Einsatz, um eine Kugellagerfabrik zu bombardieren. Deutsche Kampfbomber nahmen die Verfolgung auf, das amerikanische Flugzeug wurde getroffen und stürzte ab. Die Schneise wurde nicht mehr aufgeforstet. Stattdessen nutzen Paragliderinnen und Paraglider den Ort heutzutage als Startplatz.

Nach insgesamt 600 m auf dem geteerten Feldweg erreichen Sie den Aussichtspunkt Les Crestelles ❺.

Aussichtspunkt, Picknickplatz mit Infotafel (niederländisch/französisch), Startplatz fürs Paragliden (km 12,4)

Von hier verlassen Sie zügig die Anhöhe über einen bei Regen etwas rutschigen Pfad. Schöner Wald und immer wieder die Aussicht auf die Ourthe begleiten Sie dabei. Bald wird der Weg breiter und vorbei an Schieferfelsen, die dicht mit Moospolstern bewachsen sind, erreichen Sie die Landstraße zwischen Maboge und Bérismenil.

Bus 15/2 (☞ Houffalize)

Überqueren Sie die viel befahrene und unübersichtliche Straße bitte mit der angebrachten Vorsicht.

Für Wanderinnen und Wanderer mit Zelt ist der Campingplatz in Maboge geeignet. Folgen Sie dafür dem Waldpfad, der Sie hinter der Bank und dem Wegkreuz nach links bergauf leitet. Über die Hügelkup-

Das Ourthetal bei Maboge

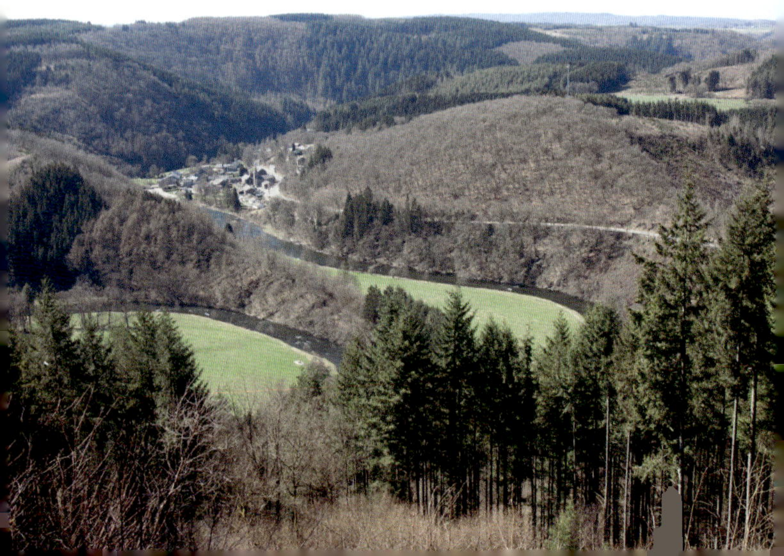

pe gelangen Sie zu einer Straße, die Sie bergab zur Kirche von Maboge führt und dort endet. Hier überqueren Sie ✋ bitte vorsichtig die Hauptstraße und gehen für 400 m nach rechts.

Maboge

⛺ Ardenne Camping, Rue Maboge 25, B-6982 Maboge, ☏ 00 32/(0)84/41 25 55, 💻 www.ardennecamping.be, ✉ info@ardennecamping.be, Preise erfragen, 🚪 20.03.-6.11., für Wandernde mit Zelt geeignet

Der Wanderweg folgt der Nebenstraße über die Brücke der Rau du Sart, dann einem Fußweg am Ufer dieses Bachs entlang durch lichten Wald. Schließlich gabelt sich der Weg. Es geht nach rechts auf einem relativ breiten Waldweg leicht bergauf. Nach etwa 100 m wird der Wald noch lichter. Rodungen, Schonungen und ältere Waldteile wechseln sich ab.

Bei km 14,6 queren Sie den Bach Rau de Borzée über eine Behelfsbrücke. 700 m weiter befinden Sie sich im Dorf Borzée ❻.

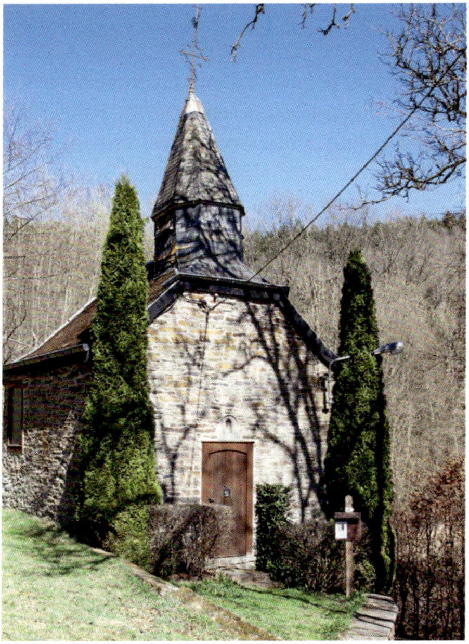

Die Kapelle in Borzée

Borzée

✕ Crêperie le Clos René, B-6980 La Roche-en-Ardenne, ☏ 00 32/(0)84/41 26 17, 🚪 in der touristischen Saison, bitte Zeiten erfragen

✞ Kapelle Notre Dame de la Merci

Das Freizeitzentrum

Sie betreten Borzée an einer idyllischen Stelle: ein kleines Dorf mitten im Wald, wo die Welt noch in Ordnung ist. Das ist nicht falsch, war jedoch auch schon einmal anders. Denn wenn Sie sich im Ort genauer umsehen, entdecken Sie viele leer stehende Gebäude mit dem Flair der 1970er-Jahre. Dies war ein Freizeitzentrum der belgischen Gewerkschaft CGSP, von 1972 bis 2010 wurden die Häuser betrieben. Doch schließlich waren sie so baufällig, dass nur noch die Schließung möglich war. Inzwischen erobert die Natur das Gelände zurück. Vor allem Vögel können Sie hier beobachten.

Sehr steil bergauf verläuft die Straße, die aus Borzée wieder herausführt und Sie durch Forst zu einer Weggabelung leitet, an der ein Kreuz steht. Die zuverlässige Markierung weist Sie hier nach rechts.

Etwa auf einer Höhe bleibend wandern Sie nun weit oberhalb der Ourthe. Dann weicht der Wald zurück. Durch Wiesen und Buschwerk folgen Sie der Schotterstraße bergab. Unter sich erblicken Sie schon den Ort Villez und weiter rechts die ersten Ausläufer von La Roche-en-Ardenne.

Etwa 200 m nachdem die Schotterstraße in asphaltierten Weg übergegangen ist, zweigt rechts ein schmaler Fußpfad ab. An Obstwiesen vorbei gelangen Sie nach La Roche.

Berthe von La Roche

Von Weitem schon sehen Sie die Burg von La Roche. Diese besitzt nicht nur Türme und Schießscharten und ein Verlies – wie es sich für eine mittelalterliche Burg gehört –, sondern auch ein Schlossgespenst. Das glauben Sie nicht? Dann halten Sie doch im Juli und August in der Abenddämmerung Ausschau. Bei gutem Wetter (das Gespenst ist wasserscheu) können Sie es auf den Zinnen sehen.

Es handelt sich um den Geist der Comtesse Berthe de la Roche, die – als einziges Kind ihrer Eltern – eine reiche Erbin und damit eine gute Partie war. Um sie zu verheiraten, veranstaltete ihr Vater ein Turnier, zu dem sich ein Comte de Montaigu meldete. Und sonst niemand, denn der Comte muss ein ziemlicher Koloss gewesen sein. Allerdings spielte er ein falsches Spiel, denn er war bereits einer Comtesse Alix de Salm versprochen. Die Zeit verstrich, bis schließlich, kurz vor dem Ende des Turniers, ein zweiter

Ritter erschien. Klein und schmächtig, war er jedoch so gewandt, dass Montaigu ihn immer wieder verfehlte. Als dieser schließlich stürzte, war das sein Ende. Der schmächtige Ritter bekam die Braut. Doch als man am nächsten Tage nach dem jungen Paar sah, war niemand im Turmzimmer, wo die beiden die Nacht verbracht hatten. Am Fuß des Turms fand man ihre Leichen. Der schmächtige Ritter war niemand anderes als Comtesse Alix de Salm gewesen, die so Rache genommen hatte. Seitdem geht Berthes Geist im Schloss um.

Auch in der Stadt ist die weitere Ausschilderung perfekt. Sie laufen nur kurz an der belebten Hauptstraße entlang, bis an der nächsten Kreuzung eine ruhige Anwohnerstraße abzweigt. Hier befindet sich auch eine Bushaltestelle ❼.

🚌 Bus 15/2 (☞ Houffalize)

Auf dem Cornichenweg oberhalb des Flusstals haben Sie eine Aussicht wie von einem Logenplatz, während Sie in die Stadt einziehen. Die Burg rückt immer weiter in Ihr Blickfeld und der gewundene Stadtkern im engen Tal zeigt sich Ihnen aus immer anderer Perspektive.

Am ehemaligen Hotel Les Genêts (km 20,1) gehen Sie hinab ins Tal. Dabei passieren Sie eine sehenswerte ✞ Marienkapelle.

✋ Sobald Sie wieder die Hauptstraße erreichen, wechseln Sie auf die flussseitige Straßenseite. Bitte seien Sie vorsichtig, da hier oft starker Verkehr herrscht.

Zur Linken sehen Sie schon die Fußgängerbrücke, über die Sie den Park du Rompre erreichen. Dies ist das Etappenziel und gleichzeitig auch der Schlusspunkt des Eislek Trail.

La Roche-en-Ardenne

BANK

i Touristenbüro La Roche-en-Ardenne, Place du Marché 15, B-6980 La Roche-en-Ardenne, ☏ 00 32/(0)84/36 77 36, 💻 www.luxembourg-belge.be, ✉ info@la.roche-tourisme.com, 🚪 ganzjährig tägl. 9:30-17:00, 01.01. und 25.12. geschlossen

🛏 ✕ Hôtel du Midi, Rue de Beausaint 6, B-6980 La Roche-en-Ardenne, ☎ 00 32/(0)84/ 41 11 38, 💻 www.hotelmidi.be (englisch), ✉ info@hotelmidi.be, ÜF im EZ ab € 54,50, im DZ ab € 38,50, 🚪 ganzjährig, Restaurant tägl. 8:00-21:00, französische Küche, Lunchpaket auf Anfrage, 🚗 unter Umständen ist eine Abholung aus der näheren Umgebung möglich, 🐕 Hunde willkommen, Übernachtung € 7,50.

🛏 Hôtel de Liège, Rue de la Gare 16, B-6980 La Roche-en-Ardenne, ☎ 00 32/(0)84/41 11 64, 💻 www.hoteldeliege.be, ✉ hotel-de-liege@skynet.be, ÜF im EZ ab € 50, im DZ ab € 30, 🚪 ganzjährig, Mi geschlossen, 🐕 Hunde willkommen, Übernachtung kostenlos

⛺ 🛏 ✕ Camping Benelux, Rue de Harzé 26, B-6980 La Roche-en-Ardenne, ☎ 00 32/(0)84/41 15 59, 💻 www.campingbenelux.be, ✉ info@campingbenelux.be, Chalet € 65/Nacht, Preise fürs Zelten erfragen, 🚪 März bis Okt, ✋ bitte unbedingt vorbestellen, Brasserie Juli und Aug tägl. 11:00-14:00 und 18:00-21:00, sonst Di und Mi Ruhetag, Gaststätte Juli und Aug tägl. 11:00-

La Roche-en-Ardenne

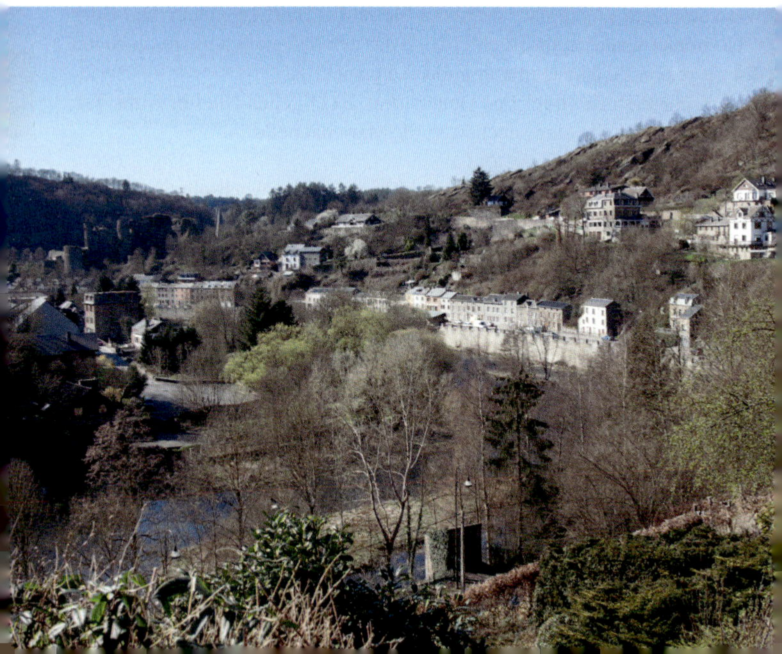

21:00, sonst Di und Mi Ruhetag, Brasserie mit belgischer Küche, Gaststätte mit kleinen Snacks, Campingshop und Schwimmbad in den Sommermonaten, Hunde willkommen (€ 4/Nacht), außer in den Chalets

In La Roche finden Sie alle wesentlichen Geschäfte, Apotheken und eine Reihe von Banken mit frei zugänglichen Geldautomaten. Über Öffnungszeiten informiert Sie gerne das Touristenbüro.

Allgemeinmediziner Roger Petit, Rue Rompré 8, B-6980 La Roche-en-Ardenne, ☏ 00 32/(0)84/41 21 00

♦ Allgemeinmediziner J.-M. Legnière, Rue des Evêts 31, B-6980 La Roche-en-Ardenne, ☏ 00 32/(0)84/41 24 31

♦ Zahnärztin Coralie Rousseau, Rue de la Gare 10, B-6980 La Roche-en-Ardenne, ☏ 00 32/(0)84/41 11 20

♦ Tierarzt Philippe Pauluis, Rue de la Palette 23, B-6980 La Roche-en-Ardenne, ☏ 00 32/(0)84/41 22 05

♜ ⌘ Burg von La Roche, Rue du Vieux Château 4, B-6980 La Roche-en-Ardenne, ☏ 00 32/(0)84/41 13 42, www.chateaudelaroche.be, info@chateaudelaroche.be, Juli-Aug tägl. 10:00-18:00, April-Juni und Sep-Okt tägl. 11:00-17:00, sonst Mo-Do 13:00-16:00 und Sa-So 11:00-16:30, bei Schnee und Glatteis geschlossen, ☺ Auftritt des Schlossgespenstes Juli und Aug tägl. um 22:00

P kostenlose Parkplätze am Sportplatz Rue de Harzé

Bus 13, Mo-Fr alle zwei Std., Sa-So dreimal tägl., und Bus 15, Mo-So viermal tägl., nach Melreux, Bus 15/2, Mo-Fr zweimal tägl. nach Maboge – Maboge-Borzée – Bérismenil – Nadrin – Filly – Houffalize

La Roche-en-Ardenne verbindet Geschichte, Architektur und Natur auf faszinierende Weise. Nicht nur für Fotografinnen und Fotografen bieten sich in La Roche einige beeindruckende Blickwinkel und Panoramen. Vom Stadtzentrum aus gesehen bildet die Église Saint-Nicolas zusammen mit der Burgruine aus dem 9. Jh. eine besonders spektakuläre Kulisse. Fans des Mittelalters kommen hier auf den unregelmäßig abgehaltenen Märkten auf ihre Kosten. Dort findet auch eine von der UNESCO als Kulturerbe anerkannte Falknereivorführung statt.

Am Ufer der Orthe findet sich der Sherman-Panzer, ein Kriegsdenkmal, das an die Befreiung der Stadt durch alliierte Truppen im Dezember 1944 erinnert.

5. Etappe: Variante bei Hochwasser

17,4 km, 5 Std. 30 Min., 568 m, 738 m, 224-438 m

0,0 km	395 m	Nadrin B&B WC
4,5 km	309 m	Keltenfestung Cheslé ⌘
7,3 km	438 m	Bérismenil
9,1 km	400 m	Aussichtspunkt Les Crestelles ⌘
10,4 km	273 m	Bushaltestelle und Abzweig nach Maboge (1,2 km)
12,0 km	355 m	Borzée
17,4 km	224 m	La Roche-en-Ardenne BANK ⌘ P

Falls die Ourthe Hochwasser führt, ist der Uferweg vor Hérou und Le Cheslé nicht passierbar. Nehmen Sie in diesem Fall diese Ausweichstrecke. Sie sparen hierdurch auch eine Weglänge von 3,3 km.

Start der Variante ist der Endpunkt der gestrigen Ausweichstrecke, nämlich der Parkplatz am Sportplatz von Nadrin. Von der Straße aus laufen Sie über den Parkplatz auf die Rückseite des Sportplatzes. Bergab erreichen Sie den Waldrand. Rechts von Ihnen befindet sich nun Fichtenforst, an dem Sie vorbeilaufen. Dann wechseln Sie bei km 0,8 nach rechts in einen Saumpfad durch lichten Wald.

Nach einigen Schritten überqueren Sie eine Furt und gehen danach geradeaus den steil durch den Wald aufsteigenden Weg entlang. Am höchsten Punkt knickt der Fußweg nach links ab und Sie laufen oberhalb einer Schonung auf gleichbleibender Höhe weiter. Schon nach etwa 100 m endet der Weg an einer T-Kreuzung. Hier, bei km 1,2, biegen Sie nach rechts ab und befinden sich nun wieder auf dem regulären Trail mit der Markierung „weiße Welle auf blauem Grund". Folgen Sie der ☞ 5. Etappe des Eislek Trail, Seite 134, für 1,3 km.

Nachdem Sie den Bérismenilbach an der Furt bei km 2,5 überquert haben, folgen Sie zunächst für ca. 200 m weiter dem regulären Trail-Weg flussabwärts. Sie kommen rechts an einem undeutlichen, zugewachsenen Abzweig vorbei. Diesen lassen Sie links liegen. Dann erreichen Sie bei km 2,7 einen deutlichen, oft begangenen Pfad, der den Hang hinaufführt. Für etwa 100 m ist er sehr steil.

Sie kommen nun zu mehreren umgestürzten Bäumen. Gehen Sie hier nach links. Ein eindeutiger Fußweg verläuft nun entlang der Böschung, die Markierung „grünes Kreuz auf weißem Grund“ bietet Ihnen hier Orientierung. Nach kurzem Weg gelangen Sie zu einer Gabelung auf einer Lichtung. Hier wählen Sie bitte den rechten Abzweig. Ein nun bequemer Weg mündet bei km 3 in einen breiten Forstweg. Entscheiden Sie sich hier, nach links abzubiegen.

Nach weiteren 300 m stehen Sie erneut an einer Kreuzung. Hier biegen Sie in den schmalen Saumpfad nach links ein. Sie folgen dabei weiter der Markierung „grünes Kreuz auf weißem Grund“ und bleiben nahe an der Geländekante.

An der ⌘ Rekonstruktion der Keltenfestung bei km 3,6 gehen Sie zunächst geradeaus vorbei – ☺ Sie kommen später wieder hierher und haben dann Gelegenheit, sich alles anzusehen.

Aussicht auf die „fünf Ourthen“ (km 4)

Bei km 4,5 liegen die ⌘ Überreste der keltischen Befestigung vor Ihnen. Hier trifft von links der reguläre Weg auf den breiten Forstweg, auf dem Sie, nun wieder dem bekannten Wegzeichen folgend, geradeaus weitergehen. Folgen Sie ab hier wieder der Beschreibung von der ☞ 5. Etappe des Eislek Trail, Seite 137.

Kleiner Sprachführer

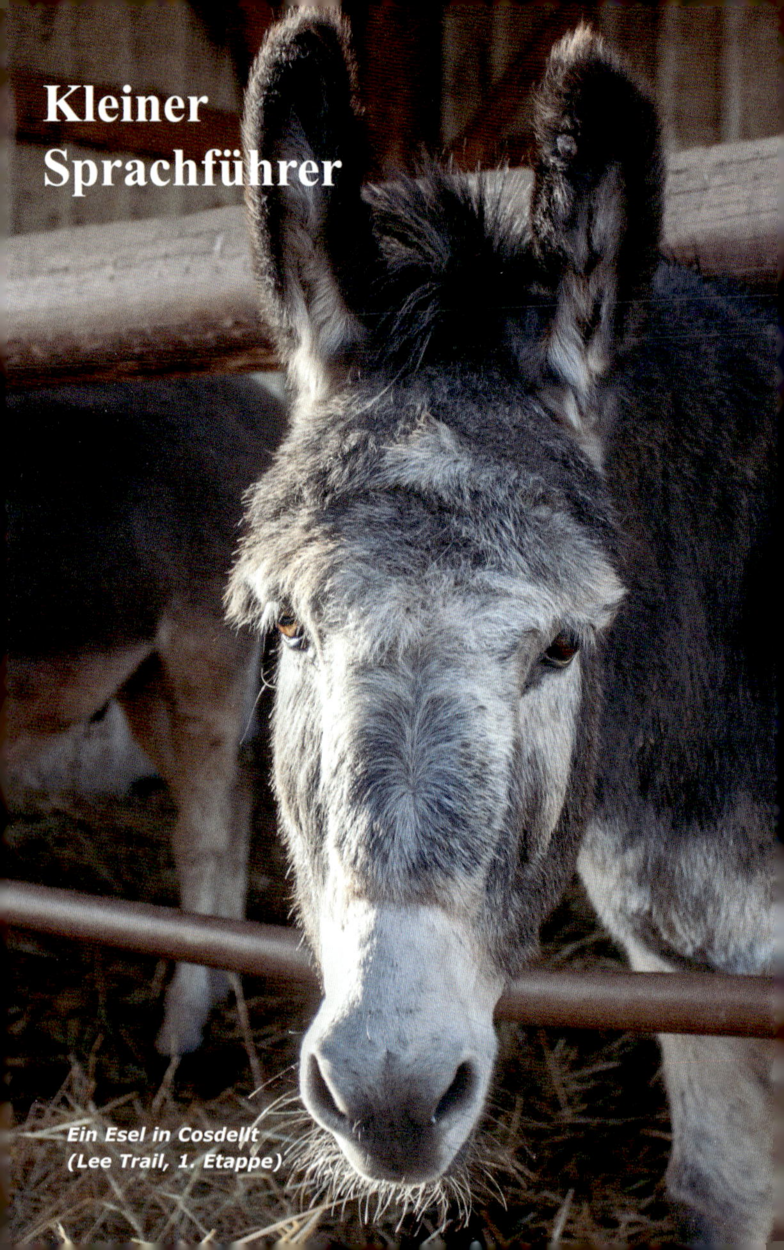

Ein Esel in Cosdellt (Lee Trail, 1. Etappe)

Grußformeln und wichtige Wörter

Deutsch	Luxemburgisch (Lëtzebuergesch)	Französisch (Français)
ja	jo	oui
nein	nee	non
danke	merci	merci
Vielen Dank!	Merci villmools!	Merci beaucoup!
bitte (als Antwort auf „merci")	Et ass näischt.	Je vous en prie.
bitte (als Höflichkeitsformel)	wannechgelift	s'il vous plaît
Meine Dame (als Anrede)	Madamm	Madame
Mein Herr (als Anrede)	Här	Monsieur
guten Morgen/Tag	gudde Moien	bonjour
guten Abend	gudden Owend	bonsoir
gute Nacht	gudd Nuecht	bonne nuit
hallo	moien	salut
Auf Wiedersehen!	Äddi!	Au revoir!
Bis bald!	Bis dann/duerno!	A bientôt!
Bis morgen!	Bis muer!	A demain!
links	lënks	à gauche
rechts	riets	à droite
geradeaus	riichtaus	tout droit
oben	uewen	en haut
unten	ennen/drënner	dessous/en bas
Hilfe!	Hëllef!	Au secours!
Achtung!	Oppassen!	Attention!

Grundbausteine für die Kommunikation

Deutsch	Luxemburgisch (Lëtzebuergesch)	Französisch (Français)
Ich heiße ...	Ech heeschen ...	Je m'appelle ...
Wie heißen Sie?	Wéi heescht Dir?	Comment vous appelez-vous?
Wie bitte?	Wat gelifft?	Pardon?
Entschuldigen Sie bitte.	Entschëllegt.	Pardon/Excusez-moi.

Deutsch	Luxemburgisch (Lëtzebuergesch)	Französisch (Français)
Wie gehts?	Wéi geet et?	(Comment) Ça va?
Ich mache Urlaub.	Ech si an der Vakanz.	Je suis en vacances.
Was heißt das?	Wat heescht dat?	Qu'est-ce que ça veut dire?
Können Sie das wiederholen?	Kënnt Dir dat widderhuelen?	Pourriez-vous répéter encore un fois?
Ich weiß es nicht.	Ech weess et net.	Je ne sais pas.
Ich habe eine Frage.	Ech hunn eng Froo.	J'ai une question.
Können Sie bitte langsamer sprechen?	Kënnt Dir wannechgelift mei lues schwätzen?	Pourriez-vous parler plus lentement?
Ich habe das nicht verstanden.	Ech hunn dat net verstane.	Je n'ai pas compris.
Woher kommen Sie?	Vun wou sidd Dir?	D'où venez-vous?
Ich verstehe kein Französisch.	Ech verstinn këe Franséisch.	Je ne comprends pas le français.
Sehr erfreut, Sie kennenzulernen.	Et freet mech lech kennen ze leiren.	Je suis très heureux(se) de faire votre connaissance.

Fragewörter

Deutsch	Luxemburgisch (Lëtzebuergesch)	Französisch (Français)
wer	wien	qui
wie	wéi	comment
was	wat	que
wo	wou	où
warum	firwat	pourquoi
wann	wéini	quand

Fortbewegung und Verkehr

Deutsch	Luxemburgisch (Lëtzebuergesch)	Französisch (Français)
Wo ist der (Fahr-) Kartenschalter?	Wou ass den Ticketschalter?	Où est le guichet des billets?

Wie viel kostet die Fahrkarte?	Wéi vill kascht den Ticket?	Le billet c'est combien?
Ich möchte ein Fahrrad (ein Auto/ein Motorrad) leihen.	Ech wëll een Vëlo (een Auto/een Moto)	Je voudrais louer une bicyclette léinen. (une voiture/un moto).

Übernachtung

Deutsch	Luxemburgisch (Lëtzebuergesch)	Französisch (Français)
Ich habe ein Zimmer reserviert.	Ech hunn een Zëmmer reservéiert.	J'ai réservé une chambre.
Haben Sie ein freies Zimmer für 2/3/4 Personen?	Hutt dir nach een Zëmmer fräi fir 2/3/4 Persounen?	Avez-vous encore une chambre libre pour 2/3/4 personnes s'il vous plaît?
Kann ich mein Gepäck hier lassen?	Kann ech mäi Gepäck/ meng Valise hei loossen?	Puis-je laisser mes bagages ici?
Badezimmer	Buedzëmmer	la salle de bains

Essen und Trinken

Deutsch	Luxemburgisch (Lëtzebuergesch)	Französisch (Français)
Abendessen	Owesiessen	diner
Mittagessen	Mëttegiessen	déjeuner
Frühstück	Kaffi	petit-déjeuner
Ein Tisch für eine (zwei) Person(en) bitte.	Een Dësch fir eng (zwou) Persoun(en) wannechglift.	Une table pour une (deux) personne(s) s'il vous plaît.
Wo ist die Toilette?	Wou ass d'Toilette?	La toilette s'il vous plaît?
Die Menükarte bitte.	D'Menüskaart wannechglift.	La carte s'il vous plaît.
Es war gut.	Et war gutt.	C'était bon.
Es war sehr gut.	Et war ganz gutt.	C'était très bon.
Rechnung	Rechnung	addition
Die Rechnung bitte!	D'Rechnung wannechglift!	L'addition, s'il vous plaît!
Trinkgeld	Drénkgeld	pourboire
Fisch	Fësch	poisson
Fleisch	Fleesch	viande

Deutsch	Luxemburgisch (Lëtzebuergesch)	Französisch (Français)
Suppe	Zopp	soupe
kaltes/warmes Getränk	kalt/waarmt Gedrénks	boisson froide/chaude
(Mineral-)Wasser	(Mineral-)Waasser	eau (minérale)
Trinkwasser	Drénkwaasser	eau portable
mit/ohne Kohlensäure	mat/ouni Kuelesaier	gazeuse/non gazeuse
Kaffee	Kaffi	le café noir
Kaffee mit etwas Milch	Kaffi mat bëssen Mëllech	café crème
Milchkaffee	Hallef Kaffi an hallef Mëllech	café au lait
Tee	Téi	thé
Kräutertee	Kraidertéi	infusion
Rotwein	roude Wäin	vin rouge
Weißwein	wäisse Wäin	vin blanc
Roséwein	rosée Wäin	vin rosé
Bier	Béier	bière
ein Glas Bier (in der Regel 0,3 l)	ee Glas Béier/ee Mini	un demi
eine Flasche	eng Fläsch	une bouteille
ein Glas	ee Glas	un verre
alkoholfrei	ouni Alkohol	sans alcool
mit/ohne Eis	matt/ouni Äis	avec/sans glace

Einkaufen

Deutsch	Luxemburgisch (Lëtzebuergesch)	Französisch (Français)
Wie viel kostet das?	Wéi vill kascht dat?	Cela coûte combien?/ C'est combien?
Ich möchte … kaufen.	Ech wëll … kaafen.	Je voudrais acheter …
Das ist zu teuer!	Dat ass ze déier!	C'est trop cher!
Einverstanden?	Averstan?	D'accord?
Das gefällt mir.	Dat gefällt mir.	Ça me plaît.
Gibt es das auch ein wenig größer/kleiner?	Gett et dat och bëssen méi grouss/kleng?	Vous avez ça un peu plus grand(e)/petit(e)?
Gibt es einen Bäcker/ Supermarkt …	Gett et een Bäcker/ Supermarché …	Y a-t-il un boulanger/ supermarché …
… in der Nähe?	… an der Géigent?	… près d'ici?

Wo finde ich ein Lebensmittelgeschäft?	Wou fannen ech een Liewensmettelgeschäft	Où se trouve une épicerie?

Die Wochentage

Deutsch	**Luxemburgisch (Lëtzebuergesch)**	**Französisch (Français)**
Montag	Méindeg	lundi
Dienstag	Dënschdeg	mardi
Mittwoch	Mëttwoch	mercredi
Donnerstag	Donneschdeg	jeudi
Freitag	Freideg	vendredi
Samstag	Samschdeg	samedi
Sonntag	Sonndeg	dimanche

Die Monate

Deutsch	**Luxemburgisch (Lëtzebuergesch)**	**Französisch (Français)**
Januar	Januar	janvier
Februar	Februar	février
März	Mäerz	mars
April	Abrëll	avril
Mai	Mee	mai
Juni	Juni	juin
Juli	Juli	juillet
August	August	août
September	September	septembre
Oktober	Oktober	octobre
November	November	novembre
Dezember	Dezember	décembre

Die Jahreszeiten

Deutsch	**Luxemburgisch (Lëtzebuergesch)**	**Französisch (Français)**
im Frühling	am Fréijoer	au printemps
im Sommer	am Summer	en été
im Herbst	am Hierscht	en automne
im Winter	am Wanter	en hiver

Zeit- und Datumsangaben

Deutsch	Luxemburgisch (Lëtzebuergesch)	Französisch (Français)
der Tag	den Daag	le jour
die Woche	d'Woch	la semaine
heute	haut	aujourd'hui
gestern	gëschter	hier
morgen	muer	demain
der Monat	den Mount	le mois
das Jahr	d'Joer	l'an/l'année

Wiesenknöterich (Eislek Trail, 3. Etappe)

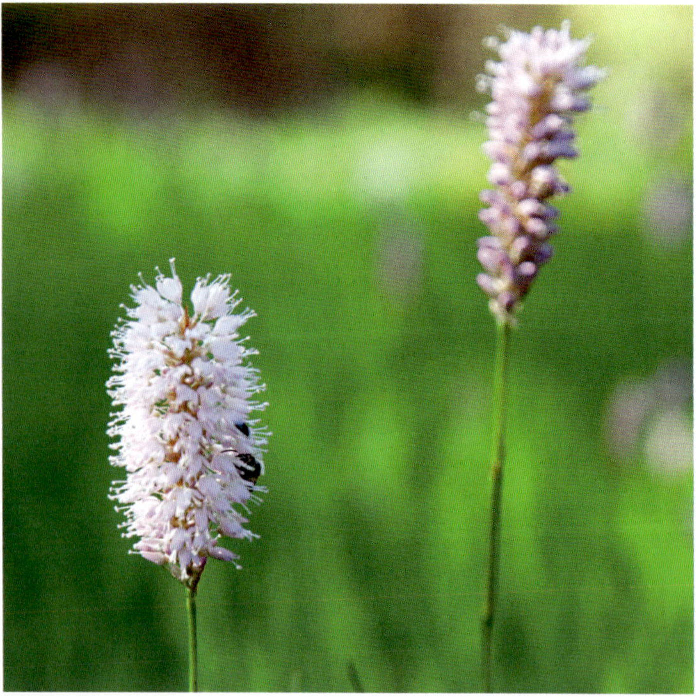

Unterwegs mit OUTDOOR-Handbüchern aus dem Conrad Stein Verlag

- Basiswissen für draußen
- Tageswanderungen
- Fernwanderwege

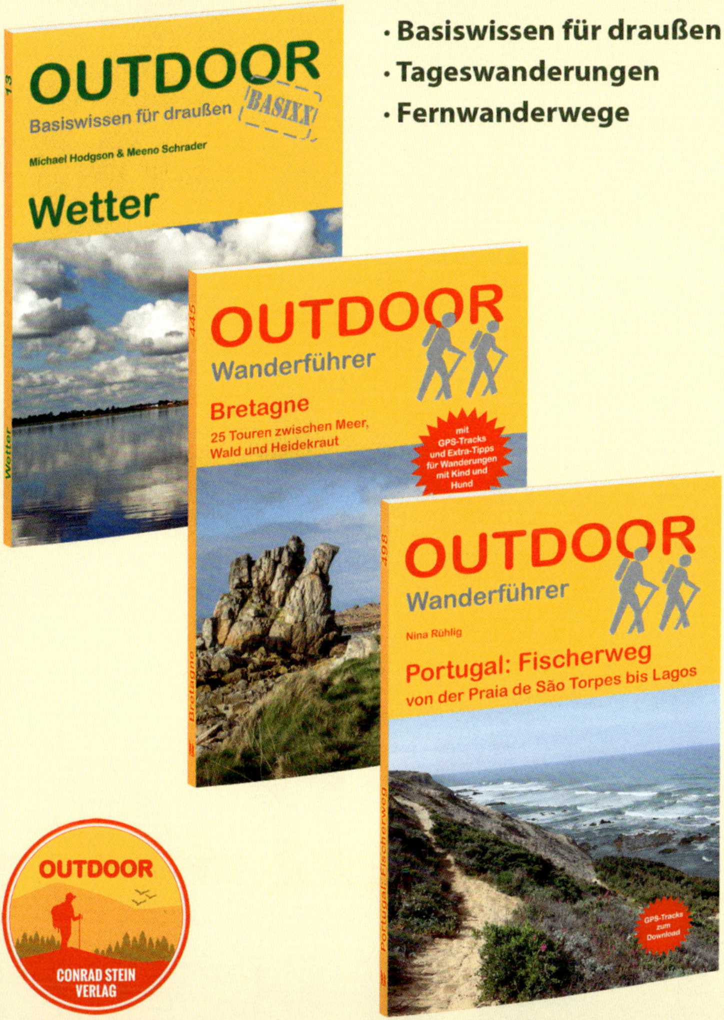

OUTDOOR
CONRAD STEIN VERLAG

Index

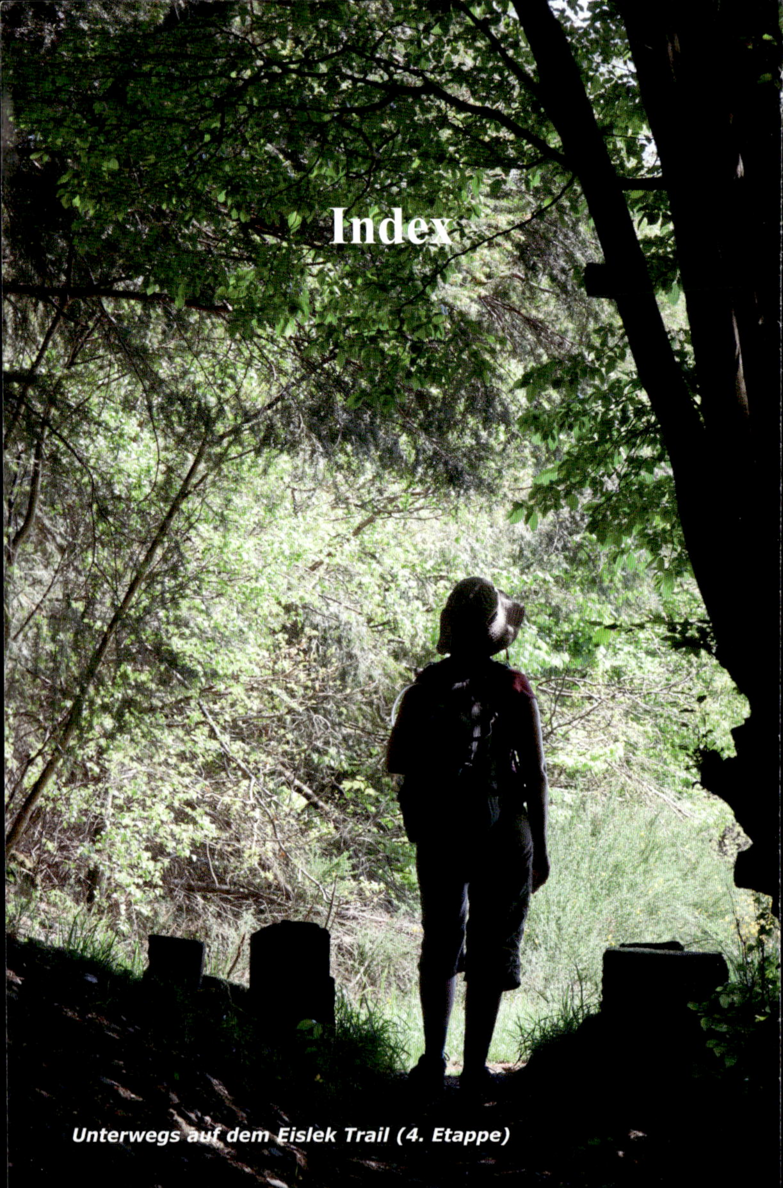

Unterwegs auf dem Eislek Trail (4. Etappe)

A

B

C

D

E